LE JOURNAL DE CLÉMENTINE

Fiction & Cie

Clémentine Vergnaud

LE JOURNAL DE CLÉMENTINE

Ma vie face au cancer

Postface de Grégoire Lecalot

Seuil
57, rue Gaston-Tessier, Paris XIXe

COLLECTION
« Fiction & Cie »
fondée par Denis Roche
dirigée par Bernard Comment

Pour la citation pp. 74-75 : Delphine Horvilleur,
Vivre avec nos morts © Editions Grasset & Fasquelle, 2021

ISBN 978-2-02-157559-0

www.seuil.com
www.francetvinfo.fr

Je suis le dernier sur ta route
Le dernier printemps la dernière neige
Le dernier combat pour ne pas mourir
Et nous voici plus bas et plus haut que jamais.

Paul Éluard, *Le Phénix*

Préface

Il en est de la nuit comme de la mer. Il suffit parfois d'y plonger pour en ressortir lesté d'un grain de sel ou d'une idée, deux petits éclats de lumière. Cette nuit-là, je ne dormais pas et j'ai pensé à Clémentine. Je la connaissais peu mais je la savais malade, en première ligne face à un cancer agressif des voies biliaires. L'idée m'est venue d'enregistrer son témoignage. Au micro, parce que c'était son métier de journaliste radio et parce que c'est le mien aussi.

Quelques jours plus tard, je le lui ai proposé et elle a, immédiatement, dit oui, d'autant qu'elle cherchait un moyen de raconter ce qu'elle traversait. Elle avait commencé à le faire par écrit et m'a envoyé dans la foulée une dizaine de pages et ces quelques lignes : « J'ai trente ans et je n'ai pas voulu écrire ce texte. Il s'est imposé, malgré moi, dans l'océan de mon cerveau rempli de trop de non-dits et de secrets. J'ai donc décidé d'écrire mon histoire. Pour moi, pour les autres ? Je ne sais pas. Le temps le dira. »

Le temps a passé. Clémentine s'en est allée. Le cancer a gagné. Son témoignage enregistré a été diffusé sous la forme d'un podcast en seize épisodes d'une dizaine de minutes intitulé « Ma vie face au cancer, le journal de Clémentine ». Il a rencontré un très grand écho lorsque la première partie est sortie en juin 2023. Le récit de Clémentine a cumulé plus de deux millions d'écoutes et elle a reçu des milliers de messages. De nombreux malades l'ont remerciée d'avoir mis des mots sur leurs maux. Des proches de patients ont expliqué que ses paroles leur avaient permis de mieux comprendre ce que vivent les malades. Des professeurs de médecine ont intégré son récit dans le cursus de leurs étudiants pour les former à l'écoute du patient. Clémentine en a été très heureuse. Régulièrement invitée à la radio et à la télévision, elle a expliqué qu'elle voulait, avec ce podcast, laisser « une trace » car elle redoutait d'être oubliée très rapidement après sa mort. Clémentine s'en est allée un matin de décembre, deux jours avant Noël. Sa disparition a donné lieu, là aussi, à de très nombreux messages d'auditeurs qui saluaient autant sa mémoire que la force de son témoignage. Les derniers épisodes du podcast, enregistrés trois semaines avant sa disparition, ont été diffusés fin janvier 2024.

L'idée que Clémentine puisse laisser une trace sous la forme d'un livre a pris corps rapidement. Elle-même avait trouvé le projet intéressant lorsqu'elle avait reçu des propositions d'éditeurs après la sortie du premier volet du podcast. Clémentine partie, elle nous a légué quelques textes, son témoignage audio tel qu'il a été diffusé et les cinq heures d'interviews – les rushs – qui ont permis la création du podcast. J'ai repris ces différents éléments, complétant les uns avec les autres, en veillant à ne rien ajouter qui ne soit de sa voix ou de sa plume. L'ensemble constitue une nouvelle trace, non pas différente mais complémentaire. Clémentine y reprend le fil d'Ariane de son histoire. Cette histoire, singulière et universelle, qui mène de la vie à la mort.

S. A.

LE JOURNAL DE CLÉMENTINE

Prologue

« *Tu es une battante.* » Combien de fois ai-je entendu ou lu cette phrase ? A *minima* des dizaines de fois. Cette phrase m'irrite, m'agace, m'exaspère, me donne envie de hurler. Quel autre choix a-t-on que de se battre quand on regarde la mort à trente ans ? Laisser tomber ? Laisser la mort venir et quitter cette terre alors que, quelques jours plus tôt, on était rempli de projets, d'envies, de rêves et d'espoirs ? Au-delà de son caractère presque rhétorique, ce qui m'agace le plus, c'est que cette phrase est pleine d'obligations. « *Tu es une battante* » veut dire en réalité : « *Tu dois te battre* » et par là même, « *Tu dois être courageuse et ne pas te plaindre* ». Voilà ce que me renvoient ces dizaines de personnes, sans même le savoir, sous couvert d'empathie. Ah ! ce que je peux la détester, cette phrase. « *Tu es une battante.* » Non, je n'ai juste pas le choix. Je dois, pour éloigner votre propre peur de la mort à laquelle ma situation vous renvoie, afficher courage et détermination. Cacher le plus dur. Montrer que je me bats, quand en réalité j'ai juste envie de baisser les bras.

Cette phrase est, évidemment, pleine de bienveillance. Tout comme celle qui revient à peu près aussi souvent : « *Tu vas t'en sortir.* » Encore une de ces phrases destinées à rassurer ces gens frappés par l'injustice que le destin a mise sur ma route – et pourrait mettre sur la leur. J'ai cette envie de leur crier à la tête : « *Non, je ne vais pas m'en sortir. Je ne m'en sortirai pas. Jamais. Ma vie est condamnée à s'écrire sous le poids du cancer. Pour toujours. Finis, les rêves et les projets – en tout cas ceux que je formulais initialement. Je vais devoir tout revoir au rabais et m'en contenter.* » Mais ça, je ne peux pas le dire, je ne peux que l'écrire. Quel poids. Quel carcan que de devoir se taire et encaisser quand on a juste envie que les gens se taisent.

J'ai trente ans et je n'ai pas voulu écrire ce texte. Il s'est imposé, malgré moi, dans l'océan de mon cerveau rempli de trop de non-dits et de secrets. Longtemps, je me suis refusée à écrire, à poser sur le papier toute cette souffrance. Qui pourrait bien vouloir lire le énième récit d'un cancéreux ? Qui aurait envie de lire cette immense complainte, loin de l'espoir et de la résilience dont on affuble automatiquement les malades du cancer ? Puis il y a eu cette carte d'une connaissance. Je dis connaissance car ce n'est pas un ami proche mais quelqu'un que j'ai croisé souvent par le biais du travail et que j'apprécie énormément. Lui aussi a vécu une année 2022 « *annus horribilis* ». Lui aussi a dû endurer la souffrance et la peur, mais également les mots des autres. Jamais je n'ai osé lui écrire, de peur justement d'employer l'une de ces expressions déplacées que je hais tant depuis six mois. C'est lui qui m'a écrit et ses phrases m'ont à la fois apaisée et donné envie d'écrire cette colère et ces souffrances qui me transpercent depuis le début. « Personne n'a le droit de te dire ce que tu dois faire. Personne ne comprend ce que tu ressens. Cela n'appartient qu'à toi-même. » Des mots d'une justesse folle, inscrits au dos d'une carte postale du Périgord mettant en scène des oies… Bien loin de tout ce carcan social qui m'oppresse et m'étouffe. Alors, j'ai décidé d'écrire mon histoire. Pour moi, pour les autres ? Je ne sais pas. Le temps le dira.

Mardi 3 janvier 2023

1

J'ai un peu mal sous les côtes

Ça a débuté comme ça, par quelque chose de foncièrement banal. J'approche doucement de mes trente ans, je viens de décrocher un CDI et d'acheter un appartement. La vie s'offre à moi, j'ai des projets professionnels et malgré une vie amoureuse chaotique je reste convaincue que je vais construire de belles choses. Je fais du sport dans mon appartement grâce à une application, comme de nombreux soirs par semaine : c'est un des plaisirs de ma vie stable, après des années de précarité à parcourir la France pour mon employeur. Le 18 mars 2022, après le dîner, j'ai un peu mal sous les côtes – sûrement le résultat de la séance intense. Mais dans la nuit je suis saisie de douleurs insupportables : impossible ou presque de respirer. J'endure, car, étant fille d'infirmière, je ne veux pas déranger un médecin de garde ou le Samu pour pareille broutille.

Le lendemain, je vais chez un médecin – pas le mien, je n'en ai pas encore trouvé depuis mon installation. C'est une remplaçante, qui m'ausculte avec précaution et beaucoup de difficultés car je ressens de très fortes douleurs. « C'est probablement une déchirure musculaire, diagnostique-t-elle. Mais on ne peut pas écarter un problème au niveau du foie, qui est juste en dessous. » C'est parti pour une radiographie et une échographie en urgence. Rien à signaler, je suis soulagée. Je n'ai plus qu'à me reposer, ce que je fais pendant une semaine d'arrêt. Toutefois la douleur respiratoire peine à refluer et je dois consulter de nouveau. Cette fois, j'ai affaire au titulaire, un médecin d'une cinquantaine ou soixantaine d'années absolument fainéant et pas du tout à l'écoute du patient. Il m'ausculte à peine, ne palpe pratiquement pas la zone. « Oui, c'est une déchirure, vous avez toute ma compassion. Et ensuite ? » Ensuite je peine à me faire prescrire quelques jours d'arrêt supplémentaires, car je suis épuisée par ma capacité respiratoire réduite.

La douleur finit par passer et je reprends une vie quasi normale, sport excepté, jusqu'à cette nuit de mai où je me fais de nouveau mal… en me retournant dans mon lit. Mais cette fois, la douleur a changé de côté. Impossible pour moi d'aller consulter le même médecin : il va penser que je suis folle et ne va pas m'écouter. J'endure en me disant que ça va passer. C'est là un de mes plus gros regrets aujourd'hui, même si je suis consciente que la situation n'était pas suffisamment critique pour s'affoler. J'aurais dû me faire confiance, m'écouter, me prioriser. Mais j'ai attendu trois semaines pour à nouveau consulter, cette fois chez un autre généraliste. Deux salles, deux ambiances : celui-ci me consacre près d'une heure, car il ne me connaît pas et veut prendre le temps d'un bilan complet de mes antécédents. Il est à l'écoute, attentionné, délicat, très humain. J'accroche tout de suite et lui fais instantanément confiance. Il m'ausculte et ne comprend pas : la douleur paraît mécanique mais le mode de déclenchement ne lui plaît pas. « Scanner », ordonne-t-il. Ce qui sera fait la semaine suivante, le 15 juin très précisément. Et c'est là que tout bascule.

2

Le jour où le bateau coule

J'ai une certaine habitude du monde médical. Enfant, j'étais malade en permanence : sinusites, otites, pose de diabolos, retrait des végétations... Je ne compte plus les heures passées dans la salle d'attente du médecin de famille. J'ai aussi eu droit aux scanners et IRM quand j'ai commencé à devenir migraineuse, et à bien plus quand, le 16 novembre 2018, je me suis fait renverser par une voiture à Toulouse. Un diagnostic bénin sur le papier, mais une lésion qui mettra deux ans et demi à guérir. Bref, quand j'entre dans la salle de scanner du centre de radiologie de Meudon, je suis une habituée. Un scanner, c'est quelques minutes. Hop, un scan sans produit, hop le produit, hop un scan avec produit. Emballé c'est pesé.

Mais ce jour-là, je passe et repasse dans le tube pendant de longues minutes. Dans ma tête, pourtant, tout est très clair : j'ai des calculs dans la vésicule biliaire. J'ai mal un peu plus au milieu du dos depuis quelque temps, ma sœur et mon père en ont eu, l'affaire est réglée. Pourtant, quand je sens les minutes s'écouler, je tique. Sans m'inquiéter outre mesure. Vient ensuite l'attente des résultats dans la salle dédiée, attente longue comme cette journée d'intense chaleur qui s'abat sur la région parisienne. Pendant ce temps, je peste intérieurement contre les radiologues qui font leur compte rendu aux patients sans fermer la porte de la salle : on entend une partie de la discussion, ce qui est une atteinte révoltante au secret médical.

J'en suis là de mon agacement quand mon nom est enfin appelé – bien plus tard que les autres, à mon sens. Je me dirige vers la salle et là… le radiologue ferme la porte derrière moi. Immédiatement, un frisson me parcourt les bras et je sens l'adrénaline monter. « *Il ferme la porte. Ce n'est pas bon.* » La discussion démarre par une question banale : « Depuis quand avez-vous mal et à quelles occasions ressentez-vous ces douleurs ? » Et à cet instant, mon instinct me trompe. De toutes mes expériences, quand le radiologue cherche à comprendre ce qui se passe en interrogeant le patient, c'est qu'il n'a rien vu à l'image. Voilà donc pourquoi je suis restée aussi longtemps dans la machine : il cherchait mais ne voyait rien. Cet ascenseur émotionnel se produit à une vitesse folle. Mais je suis soulagée intérieurement : à tous les coups, il n'y a rien. Je réponds à sa question, lui expliquant qu'on m'a parlé d'une déchirure musculaire.

Et c'est là que mon monde s'écroule : il tourne la tête vers moi. Son visage, je l'ai oublié depuis, et je serais aujourd'hui incapable de décrire ce radiologue, je ne sais pas s'il est blond, brun ou s'il a une moustache. Mais la sensation ressentie à cet instant ne disparaîtra jamais. Il est grave, il est silencieux, il est inquiet. Ça ne va donc pas. Il m'explique en quelques mots qu'il n'y a rien d'une déchirure musculaire, ce qu'il a vu c'est une « masse hépatique », assez volumineuse. OK, le foie donc. « Je veux vous faire passer une IRM avant la fin de la semaine », m'annonce-t-il, alors que nous sommes mercredi et que le délai habituel du centre est plutôt de quinze jours. « Il va falloir consulter un spécialiste pour éviter toute perte de chances », termine-t-il. « Perte de chances. » Cette expression m'atteint en pleine figure. Je suis sonnée. La perte de chances, c'est ce qu'on dit aux gens qui risquent leur peau. J'articule faiblement, comme pour tenter de saisir ce qui se joue à cet instant : « Je sens une forme d'urgence dans votre voix. » Il confirme. Je l'interroge : « Ça peut être un cancer ? – Oui, ça peut être un cancer. »

Voilà, le mot est posé pour la première fois et c'est moi qui le prononce. CANCER. Ce 15 juin 2022, il résonne dans ma tête à la fois complètement vide et terriblement pleine. CANCER. Comme écrit au marqueur indélébile, mais version fluo. Je suis dévastée. Tout s'écroule. Moi qui pensais avoir des calculs dans la vésicule biliaire et imaginais que ce serait réglé après une petite opération de routine. Pas du tout. Ce mot cancer me revient dans la tête. Je le prends comme une gifle. Non, pas comme une gifle, comme un uppercut. Je suis arrivée en petite robe d'été. Nous sommes le 15 juin, il fait hyper-chaud. Je ne suis pas venue là pour ça. Clairement pas.

Je suis dans un brouillard total. Le médecin m'accompagne jusqu'au secrétariat pour fixer l'IRM au surlendemain. « Je ne serai pas là mais je suivrai votre dossier avec attention, madame », m'assure-t-il. Les grands discours des grandes occasions.

Me voilà dehors avec mes images et ce compte rendu (« masse hépatique ») dans les mains. Et je suis seule, toute seule. J'ai l'impression que le bateau est en train de couler. Littéralement. Je commence à pleurer comme une naufragée. Mon monde vient de basculer dans la peur et l'angoisse, qui ne me quitteront plus et deviendront des partenaires du quotidien. Dans ce naufrage, j'ai désespérément besoin de me raccrocher à quelque chose – ou plutôt à quelqu'un. Je compose le numéro de l'amour de ma vie. Dès les premiers mots de notre conversation, je m'effondre. Lui, ne comprend pas et est dans le déni. « Ce n'est pas possible », tranche-t-il. Sidéré, il oublie aussitôt le reste. « Tu viens, décrète-t-il. Tu fais un sac et je viens te chercher. » J'acquiesce, profondément soulagée de pouvoir compter sur lui dans cette tempête qui s'abat sur moi malgré le temps estival. Mon deuxième appel est pour mes parents, qui vivent à quatre heures de voiture de Paris et ne comprennent pas plus que mon conjoint. Ma mère, infirmière à la retraite, me demande de lui lire le compte rendu. Je m'exécute, appuyant les feuilles sur le couvercle d'une poubelle jaune qui traîne par là. S'ensuit un silence. « On va monter », tranche-t-elle devant mon désarroi. Mon dernier appel est pour celui qui a depuis la première consultation toujours été au rendez-vous avec bienveillance et disponibilité : mon nouveau médecin. « Venez tout de suite », demande-t-il. Et me voilà dans son cabinet, complètement désemparée, les mots du compte rendu résonnant dans ma tête. Il prend aussitôt les choses en main et appelle un ami pour me trouver un rendez-vous avec une chirurgienne hépatique. Il me regarde avec beaucoup de douceur, ce médecin que je ne connais presque pas et qui doit tomber de sa chaise intérieurement en regardant cette femme de trente ans avec sa masse hépatique. Je repars avec la promesse d'un appel le lendemain pour me fixer un rendez-vous.

Les deux jours suivants sont une torture. Je ne dors pas, les mots du compte rendu tournent dans ma tête en permanence et m'accompagnent physiquement au travail, dans leur pochette blanche, au cas où. La découverte de la masse a des effets psychosomatiques importants : moi qui avais gardé la douleur sous contrôle, à distance mentale jusqu'ici, je ne la maîtrise plus. Tout se dégrade : douleur respiratoire, douleur sous les côtes et dans le dos, perte d'appétit. Je ne suis qu'angoisse, paralysée par la peur de ce que la suite me réserve. Je suis un fantôme au travail, murée dans le silence pendant que les termes médicaux tournent dans mon cerveau. Je suis comme à côté de moi-même, me regardant évoluer et vivre machinalement pendant qu'une autre partie de moi a perdu pied. L'IRM n'apporte rien si ce n'est des images plus précises. Le rendez-vous avec la chirurgienne est fixé au jeudi suivant – une éternité. Me voilà donc en week-end : je suis soulagée de ne plus avoir à aller au travail, moi qui adore pourtant mon poste et mes collègues. D'ordinaire joyeuse et pleine d'entrain, j'ai besoin de ne plus voir personne et de me claquemurer dans mes craintes. Je ne savais pas que les choses allaient de nouveau basculer deux jours plus tard.

3

Le grand bond dans l'inconnu

Un dimanche à Ikea, somme toute assez banal, qui finit aux urgences d'un hôpital militaire de la région parisienne. Le grand écart, en quelques heures de temps. Des noms de meubles imprononçables aux blouses blanches qui questionnent, injectent, évaluent. Dans les séries, cela pourrait ressembler à cet effet narratif qui consiste à montrer une scène improbable pendant quelques secondes avant de remonter « x heures plus tôt ».

Tout démarre en effet dans les allées d'Ikea, où nous sommes venus, mon conjoint et moi, pour tenter de me trouver un fauteuil confortable. Depuis deux jours, je ne fais que grignoter des framboises, des fruits secs, un peu de chocolat. Aucun repas ne passe. Aucune nuit complète. Juste l'angoisse et la douleur. Nous avons décidé que la semaine suivante, je serais entièrement en télétravail pour plus de confort et c'est pourquoi nous sommes dans les allées de l'enseigne, pour tenter de trouver de quoi m'installer correctement. Ce temps suspendu me semble irréel. On déambule parmi les salons, les cuisines et les meubles alors qu'en moi une chose me ronge de l'intérieur. Je tente de faire bonne figure et de ne pas m'écrouler mais chaque minute est un supplice de questions, de culpabilité. Nous trouvons enfin notre bonheur, un fauteuil gris, et nous repartons.

Déjà, à la fin de nos courses, je me sens fatiguée. Je me tiens le dos. Mais plus on avance sur le chemin du retour, plus la douleur augmente. Je sens rapidement que ma dernière digue a cédé : mon mental réussissait à juguler la douleur depuis plusieurs semaines car il ne savait pas à quoi il avait affaire. Il se disait qu'il n'y avait peut-être rien, sûrement pas grand-chose, et que tout rentrerait bientôt dans l'ordre. Désormais, il sent – il sait ? – que c'est grave. Alors, sur cette route nationale qui nous ramène chez moi, le mental lâche. La digue rompt et la douleur s'engouffre en moi comme un tsunami. Je ne suis bientôt plus que douleur et, même si je serre les dents, mon compagnon le voit. Il monte rapidement le fauteuil pour que je puisse m'installer dedans et s'absente quelques minutes. À son retour, je suis en larmes. Au bout du rouleau. Il m'assène : « Maintenant, ça suffit, on va aux urgences. » Réflexe – encore – de fille d'infirmière : « Ah non, pas les urgences. Ce n'est pas assez grave. » On bataille quelques instants l'un contre l'autre et je tranche. « Tu appelles ma mère et on se range à son avis. » À plusieurs centaines de kilomètres de là, ma mère est démunie. Je suggère le centre médical de garde, situé juste à côté de chez moi.

Nous y voici et en quelques instants je suis devant une médecin. On lui débite tout : les douleurs, l'historique, les imageries. Elle étale le dossier sur son bureau et son regard semble se noyer dans toutes ces feuilles. Elle est littéralement perdue, nous le voyons instantanément. On se consulte du regard et, malgré tout, on attend. Elle me propose une injection d'antidouleur dans la cuisse. Les souvenirs de mon accident de voiture, quatre ans plus tôt, remontent : je vais très probablement mal le supporter. Je suis une très mauvaise toxicomane, la dernière cliente dont voudraient les dealers. Malgré tout, j'accepte car je souffre atrocement (et surtout, je ne suis pas médecin). Et ce qui devait se produire… Moins d'une minute après la piqûre, je suffoque, j'ai la tête qui tourne, j'ai chaud. Bingo. La médecin se décompose encore plus. « Alors là, à part les urgences… » En un rien de temps, mon conjoint sort, gare sa voiture à l'entrée, m'attrape sous le bras et me charge dans le véhicule. Il fonce tellement vite dans les rues que je me dis qu'on aura un accident avant même d'arriver aux urgences. Mais impossible à formuler tellement je suis stone.

Arrivée enfin à l'hôpital, je peine à répondre à l'agent d'accueil car je suis complètement dans les vapes. Malgré tout, les soignants saisissent l'importance de la situation et me prennent en charge très rapidement. Et me voici à tout réexpliquer, péniblement, toujours sous l'effet de l'antidouleur. On m'installe dans un box et le médecin arrive rapidement. « On va vous mettre de la morphine en pompe madame, ça va aller beaucoup mieux. » Je proteste : la morphine, je ne la supporte pas. « Mais si, vous verrez. » Et pour voir, j'ai vu… La première dose est un vrai soulagement. La deuxième, injectée quelques minutes plus tard car toute la douleur n'était pas calmée, semble tout aussi salvatrice. Mais, quelques instants plus tard, c'est la catastrophe : coup de chaud, tête qui tourne, envie de vomir… Mon cœur s'emballe au moniteur et je le sens cogner dans ma poitrine. Me voilà partie pour être placée la tête en bas et pour vomir, quelques instants plus tard. Je resterai dans cet état toute la nuit, aux urgences puis dans une chambre du service de gastro-entérologie où je suis finalement transférée, seule – l'hôpital n'autorise pas les accompagnants aux urgences pour cause de Covid-19 – et sans moyen de communication avec l'extérieur. Sans doute la nuit la plus longue de ma vie.

4

Les médecins n'ont pas le droit de pleurer

Au matin, on frappe doucement mais fermement à la porte. Elle s'ouvre et je vois un chariot, avec un ordinateur posé dessus, avancer dans ma chambre. L'homme qui le pousse est plutôt grand et assez imposant. La soixantaine peut-être. Il a les cheveux blancs et coupés court. Carré d'épaules, il dégage instantanément une forme d'autorité et de prestance. Il me demande s'il peut s'asseoir, ce qui pour un médecin n'est pas très courant. Je me redresse pendant qu'il s'installe tout près de moi, quasiment collé à mon lit, avec son chariot. Nous sommes au lendemain de mon admission et j'ai à peine fermé l'œil. Il m'explique qu'il est le docteur H. et qu'il va me poser des questions pour comprendre pourquoi j'ai mal. Instantanément, je perçois le hiatus entre son physique et le ton de sa voix. Ce dernier est très doux, délicat, empathique. Je réponds à ses questions avec le plus de précision possible et je le sens très à l'écoute. Il me demande comment se manifeste la douleur, ou plutôt les douleurs, comment je les ressens – j'apprendrai plus tard qu'il y a différents types de douleur –, comment se passe le quotidien, si j'arrive à manger, à me tenir debout, quelles sont les positions les plus inconfortables. La discussion dure au moins une heure. En même temps, il me sourit – à travers son masque, mais il sourit. Il prend le temps de m'ausculter avec énormément de délicatesse – ce qui, au stade où en est rendue ma douleur, est plus qu'appréciable. Il m'annonce que je devrai bientôt faire d'autres examens, d'autres prises de sang et passer une biopsie, c'est-à-dire qu'on va prélever un morceau de la masse hépatique pour déterminer si elle est cancéreuse ou non. Il emploie aussitôt les grands moyens pour que celle-ci soit la plus rapide possible. Je le sens, il fait en sorte de pousser les murs et les portes pour ne pas tarder à poser un diagnostic sur mon cas.

Ce médecin repassera souvent dans ma chambre lors de mon hospitalisation d'une dizaine de jours où j'enchaîne les examens, les prises de sang à dix voire quinze tubes et cette biopsie qui entraîne de nouvelles douleurs. Il suit le dossier, continue d'être très à l'écoute et je sens peu à peu dans son regard qu'une forme de lien se crée entre nous. C'est lui qui, un 6 juillet, repoussera la porte de ma chambre vers 18 heures. Une heure inaccoutumée pour lui. Je sens d'emblée que cet échange-là ne sera pas anodin. Il prend une chaise, s'assoit à côté de moi. Le geste est inhabituel, la distance entre nous trop courte pour que mon intuition du pire ne se mette pas en éveil. Instinctivement je sais, j'ai compris. Il me regarde avec autant de gravité que d'empathie.

Ce soir-là, il m'annonce avec toute la douceur du monde, presque comme pourrait le faire un grand-père pour moi, que j'ai un cancer des voies biliaires, un cholangiocarcinome. Que malheureusement, il va falloir se battre. Fort, très fort. Qu'il ne faudra pas baisser les bras. Mais dans le même temps, le docteur « Eagle 4 », comme il se surnomme lui-même, n'est pas venu les mains vides. Il m'annonce que je sors le lendemain pour aller à l'hôpital Paul-Brousse à Villejuif, un des meilleurs hôpitaux pour le traitement de ce type de cancer. Le chef de service est l'un de ses amis, m'explique-t-il, et il a réussi à faire de la place dans son agenda pour moi. Ce soir-là, mon docteur Eagle 4 me serre délicatement la main pendant que je pleure et me dit que les médecins n'ont pas ce droit, avant de sortir de la chambre. Et je sens à la pression de ses mains que je ne me suis pas trompée sur le lien qui se crée entre nous. J'ai le sentiment que ce médecin sera toujours là pour moi en cas de besoin, que je pourrai compter sur lui. Je sens aussi qu'il ne doit pas avoir beaucoup de cas comme le mien et je me dis qu'il aurait pu garder ce cas spécial pour lui mais qu'il ne l'a pas fait pour me garantir les meilleures chances de survie. Il me le dira d'ailleurs le lendemain, avant ma sortie : il pourrait me soigner lui-même, par égocentrisme et pour tenter de se faire mousser auprès de ses pairs, mais il préfère m'envoyer auprès des meilleurs.

Beaucoup de patients racontent avoir eu une annonce de cancer dure ou indélicate. Moi, non. Je pense avoir eu la meilleure annonce de cancer possible, douce, pleine d'empathie. Grâce à cette délicatesse, je suis triste mais pas autant que j'aurais dû l'être. Je suis triste mais sans violence.

Le docteur Eagle 4 est sans doute la plus belle rencontre que m'aura permis de faire cette maladie. Il m'aura aidée bien des fois à « dire merde aux emmerdes » comme il me l'a souvent répété. Mais ce 6 juillet, malgré toute la bienveillance et toute l'empathie du monde, il m'envoie de l'autre côté du périphérique parisien faire un grand bond dans l'inconnu.

5

Un Spritz pour la malade !

Nous nous croisons la première fois dans un couloir étroit, celui du secrétariat, au sein duquel, mes parents, mon conjoint et moi, nous ne sommes pas sûrs d'avoir notre place. En réalité, c'est notre première venue dans cet hôpital et nous sommes perdus. Cet homme de taille moyenne, cheveux blancs en brosse et sourire franc s'avance vers nous. Je ne comprends pas qu'il sera mon oncologue, encore moins qu'il s'agit là du chef de service, un ponte en matière de cancers digestifs. Je comprendrai mieux quelques dizaines de minutes plus tard quand je le retrouverai dans la salle de consultation, aux côtés d'une jeune oncologue aux cheveux longs d'un noir de jais, à l'eye-liner impeccable (que j'ai toujours envié) et à l'air très concentré. Après avoir installé tout le monde à grand renfort de chaises, il entame la consultation par ces mots : « J'ai voulu vous recevoir tout de suite quand le docteur Eagle 4 m'a appelé car je sais que l'attente est pire pour les patients que la maladie elle-même. » D'emblée, il détonne. Je ne m'attendais pas à un discours aussi humain et prévenant. Je découvrirai plus tard que si le professeur P. H. est aussi proche de ses patients, c'est parce qu'il a été de l'autre côté de la barrière. Les rôles sont très répartis entre les deux médecins : elle pose les questions et note tout ce qui est important pour la compréhension de mon dossier, il explique ce qu'est la maladie et comment nous allons tenter de la combattre. Ensemble, ils consacrent plus d'une heure à nous recevoir et à répondre à nos questions. Il est très pédagogue, répète, reformule, me fixe droit dans les yeux quand il affirme ou détaille. Et m'autorise un cocktail – un Spritz ! – pour me récompenser, après les souffrances endurées et avant celles à venir.

Son humanité se confirmera à plusieurs reprises au cours de ma maladie. Je me souviens de sa façon de s'asseoir près de moi quand il viendra faire le point sur le dernier scanner, s'intéresser au livre que je lis lors d'une hospitalisation, poser sa main sur la mienne ou sur mon épaule pour me rassurer quand je suis inquiète à cause de cette tumeur qui me ronge de l'intérieur. Contrairement à bien des médecins, il me consacrera toujours le temps nécessaire et non celui qu'il s'est accordé mentalement. Il répondra à toutes mes questions et ne s'intéressera pas qu'à l'aspect clinique de ma pathologie, n'hésitant pas à m'interroger sur ma vie sociale et personnelle, sur les répercussions de ma maladie sur l'estime de moi également.

Surtout, il démontrera toutes ses qualités un certain soir, alors que je suis hospitalisée. Je n'oublierai jamais – et lui non plus, car il me dira s'en souvenir parfaitement des mois plus tard – cette nuit de souffrance. On vient de me poser un tube dans les voies biliaires pour en éviter la compression par la tumeur. J'ai déjà fait une première complication très douloureuse, une inflammation du pancréas. Après avoir pu sortir de l'hôpital quelques jours, des douleurs très vives sous les côtes m'ont forcée à y retourner. Cela fait quarante-huit heures que les différents médecins que je vois se bornent à me dire que les douleurs sont simplement liées à la maladie. Intérieurement, je sais qu'il ne s'agit pas des douleurs habituelles. Il est difficile de décrire l'instinct qui peut vous envahir à ce moment-là. En tant que patiente, j'ai souvent ressenti au plus profond de moi-même certaines choses sans pouvoir les justifier auprès du corps médical. Et souvent – en toute modestie – j'avais raison. Reste que le corps médical ne m'écoute pas cette fois-ci. Les deux étudiants qui me suivent se bornent à expliquer les douleurs par la maladie, sans m'ausculter. Leur seule action se limite à me proposer régulièrement de la morphine.

Or, ce soir-là, la morphine ne suffit plus. Je me tords de douleur dans mon lit et rappelle l'infirmière qui, désemparée, me dit qu'elle ne peut pas me donner plus que ce que je viens de recevoir. Elle me place le masque à oxygène sur le nez car j'en suis à ne plus pouvoir respirer tellement la douleur me transperce et me foudroie. Elle fait rapidement appel au médecin de garde, qui se trouve être le professeur P. H. Il frappe doucement à la porte et se glisse dans ma chambre, avec un air désolé. Il m'ausculte et palpe rapidement la zone douloureuse. Je vois ses yeux s'éclairer instantanément. Avec beaucoup de douceur, il me dit qu'il doit encore consulter mon dossier mais qu'il revient très vite. Le temps me paraît interminable. Il revient, poussant la porte en compagnie d'un confrère qu'il me présente rapidement. C'est un chirurgien dont il veut l'avis, car il penche pour une infection de la vésicule biliaire. Après une rapide auscultation, son confrère confirme et livre son avis en matière de traitement. Le professeur P. H. se penche vers moi et pose la main sur mon épaule (j'en sens encore la pression) : « Il faut absolument que je vous passe au scanner. Je ne peux pas faire sans, mais je vous promets, après je vous soulage. Je vous augmente la morphine et vous n'aurez plus mal. » Cela dit tout de l'écoute et de la compréhension de ce qu'est une personne, non pas malade, mais en souffrance. L'autre détail qui me fera réaliser que c'est un excellent médecin, c'est que le lendemain il reviendra dans ma chambre pour me dire : « Madame Vergnaud, je vais vous réexpliquer ce qui s'est passé parce que, cette nuit, vous aviez très mal et, du coup, vous n'étiez peut-être pas en mesure de tout comprendre. » Et il s'aidera d'un petit dessin, en prenant le temps, pour m'expliquer ce qui s'était passé, ce que l'équipe médicale avait fait dans la nuit et ce qu'ils allaient faire les trois jours suivants et quelles étaient les options sur la table et pourquoi il préférait celle-là plutôt qu'une autre.

Il a, en fait, lui-même été à cette place. Il a eu un cancer et il sait ce que le patient attend. Il a su, par exemple, qu'à un moment donné de la maladie, ma priorité était de ne plus avoir mal.

Il est, avec mon généraliste et le docteur Eagle 4, l'un de mes quatre piliers médicaux dans la lutte incroyablement difficile contre cet horrible crabe. Avec ces trois hommes, je compte mon oncologue référente, une femme qui aura chaque fois à cœur d'écouter mon ressenti quant aux traitements, de soulager les effets secondaires du mieux possible, de proposer les meilleurs angles d'attaque contre la maladie. Elle se montrera toujours joignable et s'adaptera souvent à mes besoins de communication (car oui, pour un médecin, je suis très probablement une emmerdeuse qui pose beaucoup trop de questions). Elle fera preuve de beaucoup de psychologie et de pédagogie quand elle m'expliquera, aux consultations de contrôle, la suite du traitement. Elle me conseillera même un spa à Séville quand je lui parlerai de mon projet d'aller y passer quelques jours !

6

Je ne suis pas qu'un dossier médical

Le premier médecin que je vois, au tout début, lorsque j'ai mes premières douleurs, est une remplaçante. Elle est très consciencieuse et me fait faire tous les examens qui s'imposent. Mais pas de chance pour elle : on ne voit rien. On passe à côté de la maladie parce que les examens ne révèlent aucun indice. Cette généraliste n'y est vraiment pour rien. À la fin de l'arrêt de travail qu'elle me prescrit, je ne me sens toujours pas très bien et je retourne voir le titulaire qui, lui, est par contre un mauvais médecin, d'après moi. Je vais me retenir d'employer les qualificatifs assez péjoratifs et les gros mots qui me viennent en tête. Il ne m'écoute pas du tout : « Vous avez eu mal en faisant du sport ? Bon. Il n'y a rien à la radio, il n'y a rien à la prise de sang, rien à l'écho. Bon, alors ? » Il m'ausculte à peine et il ne se rend pas compte que, dès qu'il me touche, j'ai toujours un mal de chien. « Vous avez une déchirure musculaire. Vous avez toute ma compassion. » Et ensuite rien ! Je l'aurais frappé, mais je me suis dit : « Tu es tombée sur un mec qui n'est pas à l'écoute, laisse tomber. » Et c'est là où je m'en veux, parce que je ne me suis pas écoutée, et surtout, je lui en veux beaucoup parce qu'à l'époque il aurait peut-être pu faire plus s'il m'avait écoutée. Et puis, s'il ne m'avait pas traitée comme ça, je serais retournée plus tôt voir un autre médecin. Nous aurions peut-être gagné trois semaines sur le diagnostic et peut-être qu'à cause de ces trois semaines de décalage j'ai perdu de sacrées chances de survie. J'en veux énormément à ce médecin. Heureusement, ensuite, je ne suis tombée que sur d'excellents professionnels.

En tant que malade professionnelle ou, disons, semi-professionnelle, ce que j'apprécie chez les médecins, c'est leur capacité d'écoute. Je repère rapidement ceux qui ont le plus d'empathie, ceux qui se mettent presque à la place du malade.

J'ai développé un rapport très particulier avec les médecins, notamment le médecin Eagle 4 dont j'ai parlé. Très vite, j'ai senti qu'il y avait un lien particulier entre lui et moi, presque paternel. Entre-temps, j'ai vu un autre médecin de cet hôpital militaire, une femme qui m'a dit : « Je pense qu'il a des enfants de votre âge parce que, dans sa tête, vous avez toujours vingt-cinq ans et vous n'êtes pas Mme Vergnaud, vous êtes Clémentine. »

Le jour de ma sortie de l'hôpital, il m'a demandé de lui donner des nouvelles par mail et, très vite, nous avons créé un échange, un lien. Nous nous écrivons régulièrement. C'est un médecin qui m'aide beaucoup, que ce soit pour faire réaliser un examen rapidement alors que les délais sont partout beaucoup trop longs, ou bien simplement pour m'épauler. Il écoute mon ressenti de malade et, un peu comme un psy, il essaie de m'aiguiller vers de la résilience en me disant : « Vous allez y arriver, vous allez accepter cette maladie. Il faut simplement que vous lui fassiez une place mentalement, comme cette maladie a pris une place physiquement en vous. Il y a six centimètres par quatre centimètres de vous qui sont pris par cette maladie. Laissez-lui aussi une place mentale. Il va falloir lui faire un petit trou quelque part et la laisser nichée. »

Il m'encourage aussi beaucoup quand je doute. Lorsque mes oncologues m'ont proposé de passer à la thérapie ciblée, j'étais moyennement convaincue au début parce que j'avais l'impression que c'était l'équipe B du club de foot qu'on me proposait, mais lui m'a tout de suite dit : « Non, cela donne des bons résultats et je suis à peu près sûr que ça va bien se passer. Vous allez voir, ça va peut-être le faire. » Une autre fois, je devais passer une énorme prise de sang à vingt-cinq tubes et je décide de la faire dans son hôpital. Quand j'ai terminé, j'essaie de voir s'il est là pour lui dire bonjour. Il m'accorde plus d'une demi-heure pour me demander comment je vais, sur le plan médical mais aussi sur les autres plans, et il me pose plein de questions : « Est-ce que vous arrivez à voir vos amis ? Est-ce que vous arrivez à sortir un petit peu, à faire du sport ? Comment ça va avec votre conjoint ? » Il m'a accordé ce temps qu'il n'avait peut-être pas dans son agenda. Il m'a aussi demandé d'enlever le turban que je portais ce jour-là pour voir où en étaient mes cheveux. C'était très chouette de passer ce moment avec lui. La deuxième fois que je l'ai revu, c'était lors d'une courte hospitalisation dans son service pour une complication. Je suis arrivée sur un brancard et je suis passée devant sa porte. Il est alors venu, il a posé la main sur mon épaule et m'a dit : « Ça va aller, Clémentine, ça va aller, je vais venir vous voir. » Et il est passé me voir avant que je sorte. Il a pris le temps de savoir comment j'allais. Il m'a d'ailleurs fait une nouvelle réflexion sur mes cheveux, disant que j'avais des cheveux blancs. J'ai rigolé et je lui ai dit : « Oui, mais au moins il y en a cette fois. »

Mon regard sur les médecins s'est modifié. Avant, je pensais que les spécialistes étaient assez expéditifs parce qu'ils avaient beaucoup de travail et que les consultations avec eux ne pouvaient pas dépasser quinze à vingt minutes. Avec mes oncologues de l'hôpital Paul-Brousse, j'ai vraiment changé d'avis. Lorsque nous avons les consultations d'après scanner, ils m'accordent chaque fois presque une heure pour répondre à toutes mes questions, m'expliquer ce que le scanner montre, ce qu'on va faire, comment ça va se passer. Quand on est hospitalisé, il y a la visite universitaire du mardi où vous avez une dizaine de personnes qui arrivent dans votre chambre, notamment des étudiants. Ces visites sont réputées dans le grand public être un moment où le malade se sent comme une bête de foire. Mais moi, je ne me suis jamais sentie comme une bête de foire. Il suffit parfois d'attentions toutes simples. Quand mon oncologue entre et qu'il voit que je lis, il me demande toujours le titre et si j'aime bien le livre. À ce moment-là, je ne me sens pas être seulement un cas médical. Voilà, c'est ça ! Nous ne sommes pas que des cas médicaux, nous sommes aussi des personnes et ça change tout. Franchement, ça change tout.

Les infirmières seront aussi des soutiens de taille pendant les nombreuses séances de chimio – et après ! Leurs mots, leurs encouragements perpétuels, sont autant de force pour tenir le coup. Je me souviens de cette infirmière qui avait à peu près mon âge et était originaire d'un département voisin du mien. Lors d'une de mes nombreuses complications, elle m'a été d'une aide précieuse. J'étais arrivée à l'hôpital de jour pour y recevoir les premiers soins, puisqu'il fallait attendre de me faire un test PCR avant de me monter en hospitalisation complète, Covid-19 oblige. Les infirmières mettaient un peu de temps à arriver – sûrement pas plus que pour un autre patient mais que c'est long quand on souffre – et j'avais fini par appeler à l'aide, ma porte était ouverte sur le couloir. Elle passait par là et m'a prise en charge tout de suite alors qu'elle était affectée à un autre poste. Plusieurs jours plus tard, elle est repassée en hospitalisation pour venir prendre de mes nouvelles. Nous avons tissé une belle relation et je me souviendrai toujours de la joie que j'ai ressentie en apprenant qu'elle repartait dans son département d'origine, ce qui était son désir depuis quelques mois. J'étais quand même triste de la perdre car j'aimais sa bonne humeur et son empathie très naturelle à mon égard. Gros coup de cœur également pour cette aide-soignante du service hématologie-oncologie où j'étais hospitalisée et contrainte au régime bouillon-yaourt-compote pendant des semaines. Elle m'a donné un tuyau alors que je pestais sur le bouillon absolument imbuvable : la soupe à la tomate de la machine du rez-de-chaussée, près des consultations. Bien meilleure, disait-elle, et elle sacrifiait régulièrement cinquante centimes le midi pour me la rapporter, histoire que je n'aie pas à me déplacer. Avoir ce genre d'appuis quand votre monde bascule, quand vos certitudes n'existent plus, quand votre ventre se serre à l'idée de mourir, est essentiel. Si l'on reste irrémédiablement seul face à la maladie, être entouré par un corps médical à la fois compétent, humain et prévenant est une chance.

7

La traversée du brouillard

Ce qu'on me dit au tout début en consultation, c'est qu'on va peut-être pouvoir m'opérer pour retirer la tumeur qui ne semble pas très étendue. Malheureusement, un nouvel examen au scanner révèlera bientôt qu'il y a des métastases. Le cancer est déjà présent dans d'autres zones du foie et peut-être aussi en bas des poumons et, très vite, on m'informe que l'opération est définitivement écartée. À partir du moment où les métastases font leur apparition, une intervention ne servirait à rien parce qu'on ne saurait jamais si toutes les cellules cancéreuses sont éliminées. Ce serait même un risque supplémentaire, m'expliquent les oncologues, ils appellent ça « faire flamber le cancer » : opérer à un endroit peut lui redonner de l'énergie pour attaquer ailleurs dans le corps.

Pas d'opération, donc. À la place, on me parle de chimiothérapie et d'immunothérapie. Certains patients font d'abord de la « chimio », puis de l'« immuno », moi je vais devoir faire les deux en même temps. Je ne le comprends pas à ce moment-là, mais cumuler les deux traitements est quelque chose de très lourd.

Comme pour tous les malades soumis à la chimiothérapie, le traitement commence par la mise en place d'une chambre implantable, une espèce de petit boîtier avec un cathéter, un tuyau relié à une grosse veine. Les produits, très agressifs, passent directement dans ce gros vaisseau et n'abîment pas les veines de l'avant-bras qui deviendraient vite trop dures si la chimiothérapie était administrée en intraveineuse classique.

Je porte désormais ce petit boîtier sous la peau, au-dessus du sein droit. Ça dépasse légèrement, ça fait un rond et au-dessus il y a une petite cicatrice et une espèce de trait qui remonte vers ma gorge. Ça n'est pas joli. L'été dernier, j'ai essayé de trouver un maillot de bain qui le couvre un peu mais je n'ai pas réussi. À la plage, il reste visible de tous.

Les infirmières vont donc piquer là-dedans chaque fois qu'elles voudront faire passer la chimiothérapie. Le jour même de l'implantation du boîtier, j'ai d'ailleurs ma première séance. Puis d'autres suivront, avec soit la chimiothérapie toute seule, soit la chimio et l'immunothérapie. Quand j'ai les deux traitements, cela dure à peu près cinq heures que je passe à l'hôpital, branchée à deux pompes qui m'injectent les produits. Si l'on me demande combien de temps cela a duré, je compte sur mes doigts le nombre de séances et j'en conclus que ce premier traitement s'est étalé sur quatre mois.

Le sentiment que j'en garde aujourd'hui, c'est de quelque chose de très lourd parce que je suis en traitement deux semaines sur trois. Je n'ai quasiment aucun répit. Une espèce de brouillard s'enchaîne pendant quatre mois. Cela revient tout le temps. Oui c'est ça. Le sentiment d'un brouillard mental accompagné de nausées, de fatigue, de vomissements. C'est extrêmement lourd et je ne m'en rendrai compte que par la suite. Sur le coup, je suis embarquée dedans, je ne peux pas prendre de recul. Quand je croise d'autres malades dans les couloirs de l'hôpital qui sont faméliques, blafards ou qui ont une énorme sécheresse de la peau qui s'accompagne d'aphtes ou d'infections de la bouche, je me dis, en comparaison, que ça va car je suis préservée de tout cela. Mais en fait, ça ne va pas. Je traverse un énorme nuage et je suis tout le temps fatiguée. Je n'arrive pas à me concentrer et je ne mémorise plus rien. Je ne vomis pas tant que ça parce que je suis chargée d'antiémétiques – des médicaments qui empêchent de vomir –, mais j'ai tout le temps la nausée, du matin au soir et du soir au matin. Je me lève et m'endors avec la nausée. À cette période, mes parents sont souvent avec moi et ma petite maman adorable me demande ce que j'aurais envie de manger. « Mais rien, maman, il n'y a rien qui me fait envie avec des nausées pareilles, en fait. » Dans mon frigo, il reste encore une bouteille de jus de légumes que mon conjoint m'a achetée, car à un moment il n'y avait plus que ça que j'arrivais à avaler.

La chimiothérapie (ou plutôt les chimiothérapies car il en existe de toutes sortes) consiste à injecter un produit conçu pour s'attaquer, *via* le système sanguin, aux cellules malades, celles qui se reproduisent très vite car la particularité du cancer, c'est sa rapidité de reproduction. La chimiothérapie s'attaque donc principalement aux cellules qui se reproduisent rapidement. Ce qui explique les pertes de cheveux, de poils, de sourcils et d'ongles, tous les phanères dont les cellules, elles aussi, se reproduisent vite.

L'immunothérapie, le deuxième produit qu'on m'injecte, fonctionne différemment. Comme son nom l'indique, elle agit sur le système immunitaire en le « boostant » pour qu'il vienne lui-même s'attaquer aux cellules qui ne fonctionnent pas bien. Immédiatement, les médecins me préviennent que ce traitement peut parfois s'emballer et conduire à ce que le système immunitaire s'attaque à trop de choses à la fois. Dans mon cas, malheureusement, au bout de quatre mois, l'immunothérapie s'emballe. Elle a « presque trop bien fonctionné » me dit-on, et elle déclenche une hépatite, une inflammation de mon foie. Mes analyses en témoignent. Cela se voit aussi à l'œil nu. Je fais une jaunisse. Ma peau devient un peu plus jaune, le blanc de l'œil aussi. Mes urines se colorent. À ce moment-là, on me dit qu'il n'est plus possible de continuer ce traitement. Je vis très mal cette annonce parce que l'immunothérapie m'avait été présentée comme un traitement un peu novateur, comme une énorme chance. Deux mois plus tôt, ce traitement n'était pas encore proposé aux malades. Je me dis : « Merde, mon corps, cette chance, il la rejette. » Je vis cela comme un échec monumental. Je ne vois que ça.

De l'autre côté du bureau, les médecins, eux, sont plus positifs car ils ont un autre traitement, peut-être encore plus efficace, à me proposer. Mais moi, je ne le vois pas. Je mettrai deux ou trois jours à le comprendre, car à cet instant-là, je ne vois que l'échec. L'échec de mon corps.

8

Petit chaton ou gros chat ?

J'ai la chance d'avoir deux oncologues qui, à chaque rendez-vous, me consacrent une heure en répondant à toutes mes questions. Toutes, ou presque. Il y a une question à laquelle les médecins n'ont jamais vraiment répondu, c'est celle du pronostic et, évidemment, c'est la première qu'on se pose quand on est malade. Quelles sont mes chances ? Est-ce que j'ai de trois à six mois ? Deux ans ? Est-ce que je vais guérir ? Est-ce que je ne vais pas guérir ? À chaque fois que j'ai posé la question du pronostic à mes oncologues, je les ai sentis prudents et en même temps embarrassés. « Chaque cancer est différent », m'assurent-ils, tout en m'expliquant qu'ils ne pourront pas vraiment me donner de réponse tant qu'ils ne sauront pas comment ma tumeur réagit aux traitements.

Au moment où j'écris ces lignes, ils ne se sont toujours pas risqués à me dire si j'avais une chance de vivre, de m'en sortir totalement ou combien de temps je pouvais espérer passer encore sur cette Terre. Mais ils insistent sur une notion, que j'ai mis beaucoup de temps à intégrer : la potentielle chronicité de la maladie. Si la comparaison est à prendre de manière mesurée tant les pathologies sont différentes, les médecins m'ont expliqué à plusieurs reprises que mon cancer pourrait finalement devenir une sorte de diabète, c'est-à-dire une maladie qui exige un traitement quotidien à vie (mais quelle durée de vie ? pas de réponse) et un suivi régulier. L'un des personnages de *Grey's Anatomy* le transcrit extrêmement bien dans l'un des épisodes de la série. Il s'agit d'une jeune femme, enceinte, dont le compagnon a un cancer contre lequel il lutte depuis des années (et qui finira par l'emporter) : « Avant le diagnostic, je croyais que le cancer était un truc contre lequel on pouvait perdre ou gagner. Comme si c'était l'un de ces puzzles débiles et qu'il suffise de trouver toutes les pièces. Je n'avais pas réalisé qu'il y avait une troisième possibilité, terrible, où on n'a ni perdu ni gagné. On vit mais on n'a pas vaincu la maladie. On cohabite en attendant que ça s'aggrave et en priant pour que rien ne change. »

J'ai bien voulu entendre et me contenter de ces explications qui sont tout à fait véridiques. Mais en même temps, une autre partie de moi voulait savoir à quoi s'attendre, si cela allait être une grosse bataille ou non. Un jour, je me rappelle avoir fait le comparatif avec un chat et avoir demandé à l'oncologue : « Mais est-ce que c'est un petit chaton que j'ai devant moi ? Ou est-ce que c'est un chat adulte avec un bazooka dans les mains ? » Il m'a dit : « Ce chat, il n'a pas de bazooka, mais on est quand même sur du chat adulte. »

La deuxième fois que j'ai touché du doigt le pronostic, j'étais toute seule. Une nuit de février, un dimanche soir. Le week-end s'était déroulé à merveille, entre petites sorties et temps passé à traîner devant un bouquin, un film, une série. C'était même un dimanche d'hiver comme je les aime, avec un pot-au-feu qui mijote dans la cuisine, ses légumes du marché et sa viande du boucher libérant leur saveur dans la cocotte et leur fumet dans tout l'appartement. Oui mais voilà, avec moi, ces rares moments de bonheur sont souvent gâchés par mon corps depuis quelques mois. Ce soir-là, le dîner ne passe pas. En l'occurrence, une infection de ma vésicule biliaire est en cours. J'ai bientôt de grosses nausées et surtout des douleurs dans ce que je crois être mon estomac. Très vite, je me tortille. Quelques dizaines de minutes plus tard, je suis à quatre pattes sur le parquet de l'appartement, à me demander pourquoi je ne peux pas passer un seul week-end tranquille – car j'ai une fâcheuse tendance à développer des complications précisément le week-end. Je prends quelques antidouleurs et me glisse rapidement dans mon lit, pensant que cela va s'atténuer à mesure que le sommeil viendra. Il n'en est rien : je me tourne et me retourne sous les draps pendant des heures, attendant que la douleur s'estompe. Finalement, dans la nuit, je finis par aller vomir mon dîner.

Et c'est là, abattue sur la cuvette des toilettes après un énième épisode de vomissements, que j'ai une certitude : je veux savoir. Je veux connaître mes chances de réchapper à tout cet enfer. Je veux savoir si endurer ces vomissements, ces nausées, ces douleurs, ces séjours à l'hôpital, si tout cela vaut vraiment le coup. Je veux savoir quelle saveur et quelle orientation donner à ma vie : on ne se lève pas le matin de la même façon quand il nous reste six mois à vivre ou quand on a la possibilité, un jour, de laisser tout cet enfer derrière soi.

Je fais ce que je m'étais interdit depuis plus de sept mois et qui m'était vivement déconseillé par les oncologues : une recherche sur Internet. J'attrape mon smartphone, m'installe dans le fauteuil du salon, inspire une grande bouffée d'air et tape « cholangiocarcinome pronostic ». En tant que journaliste, j'ai l'habitude des recherches et de la sélection des sources. Je ne choisis que des sites fiables, celui de la Société nationale française de gastro-entérologie par exemple. Et tout ce que je lis me donne le vertige. Globalement, les différentes sources – assez peu récentes, j'en conviens – annoncent des chiffres très mauvais : 10 % de survie seulement à cinq ans, et moins encore chez les patients non opérables comme moi ; une mortalité en hausse de 43 % ; un taux de survie « presque nul lorsque les tumeurs sont insécables » ; de 12 à 15 mois de survie médiane.

Et là, d'un coup, tout change. En fait, on en est là. En fait, c'était ça. Je savais que c'était grave. Mais de prendre ça dans la tête… En plus tu as déjà vécu sept mois sur les quinze de survie médiane, cela veut dire qu'il t'en reste… huit. Et tu te demandes à quoi ça a servi de te lever tous les matins avec la nausée. J'aurais pu me lever tous les matins dans un pays différent. J'aurais dû en profiter. Je le sentais depuis le début, mais cette fois c'est clair : je vais y laisser ma peau. Je ne vais pas m'en sortir. Oui, je vais mourir. J'avais envie d'avoir au moins un enfant, de construire toute une vie de famille. J'avais envie de partir en vacances, de faire des projets professionnels, de changer de service au boulot parce que tout le monde connaît mes envies dans ce métier. Et je me dis, tout ça je ne le ferai pas. Je suis tellement déçue. Déçue de me dire que ma vie va s'arrêter sûrement très vite.

Je pense aussi à mes parents qui vont devoir vivre avec la perte d'une de leurs filles toute leur vie. Quand je suis tombée malade, mes parents venaient de partir à la retraite. Et de nouveau je suis frappée par un sentiment d'injustice, mais pour les autres cette fois. J'ai vu mon grand-oncle et ma grand-tante ne jamais se remettre de la mort de leur fille de quarante ans, emportée par un cancer du cerveau, et je ne veux pas que mes parents ne s'en remettent jamais. Je trouve ça aussi injuste pour mon conjoint qui va peut-être vivre toute sa vie avec mon absence. Pour mes sœurs qui n'auront plus leur sœur toute leur vie, mes neveux et nièces que j'adore et qui m'adorent. Et je n'ai pas envie que mes neveux et nièces assistent à mon enterrement. Je trouve ça horrible, je trouve ça trop dur.

Lorsque je décide que j'en ai lu assez et que je ferme le navigateur, je suis étonnamment très calme. Je sais. Je suis enfin fixée sur mon sort. Je comprends mieux la prévenance constante de mes proches, leurs regards, leurs attitudes. J'avais compris et lu dans les yeux des médecins que le pronostic n'était pas bon. Me voilà confortée dans mon intuition. Pour autant, je ne m'attendais pas à une telle violence des chiffres. Me voilà condamnée ou presque. Je n'aurai pas la vie dont je rêvais, je n'aurai même *a priori* plus de vie tout court. Cette pensée me déconcerte. Je regarde par la fenêtre pour apercevoir le ciel de nuit. Je sentais la mort me rôder autour depuis des mois mais j'ai désormais l'impression qu'elle a posé la main sur mon épaule. Presque amicalement, comme pour me prévenir qu'il allait falloir préparer son sac, mettre ses affaires en ordre pour le grand voyage. Et tout d'un coup, l'enfant effrayée par la mort que je suis finit par verser quelques larmes à l'idée de devoir abandonner tout ce qu'elle a. Toutes ces années passées à travailler sans relâche pour obtenir un CDI dont je ne profiterai pas ; tous ces moments en famille ou entre amis sacrifiés pour le travail et auxquels je ne pourrai bientôt plus assister ; tous ces voyages reportés faute de vacances et ces pays que je ne visiterai donc pas. Je tourne la tête vers la Grande Faucheuse, qui semble me regarder avec tendresse.

Au fond, j'ai toujours su depuis le début de cette maladie que je ne m'en sortirais pas. Mais le constater par la raideur implacable des chiffres est autrement plus difficile. Cette nuit-là, je suis à la fois soulagée de savoir et terriblement angoissée par la vérité. Certes, les traitements ont progressé depuis et les médecins eux-mêmes se risquent à parler de maladie chronique, mais je sais que tout cela ne révolutionnera pas mon espérance de vie. Je cogite beaucoup, agite le spectre de la mort dans tous les sens et essaie parfois de me persuader qu'il ne s'agit que d'un très long cauchemar dont je vais me réveiller. Car c'est finalement ma crainte la plus profonde : ne plus me réveiller. M'éteindre pour de bon. Je finis par aller me coucher avec deux questions qui tournent dans ma tête sans que je puisse les résoudre : que dois-je faire du temps qu'il me reste ? Et que restera-t-il de moi après ? Je m'endors avec l'angoisse d'être oubliée très rapidement après ma disparition, ne laissant aucun héritage derrière moi.

9

Je ne suis pas une battante

Je ne suis pas une battante en fait. Je n'ai juste pas le choix. J'ai un cancer et soit j'accepte les traitements et je fais en sorte qu'ils fonctionnent en les suivant correctement, en faisant attention à mes prises de médicaments, soit je baisse les bras et je meurs dans neuf mois, un an, ou plus ? Quand tu as trente ans, est-ce que tu as vraiment le choix ? Ma psychologue me dirait qu'on a toujours le choix. C'est vrai. Je pourrais baisser les bras. Je pourrais décider que je n'ai pas envie, que je préfère vivre neuf à douze mois géniaux et qu'après je vais mourir et que ce n'est pas grave. Mais non, je n'ai pas choisi cette voie. J'ai choisi de suivre les traitements. Pour autant, ça ne fait pas de moi une battante. Quand j'ai suivi mon premier traitement de chimiothérapie et d'immunothérapie, je ne me battais pas. Je subissais, il ne faut pas rêver ! Je subissais les effets secondaires, la nausée tous les jours et durant toute la journée, les vomissements aussi et la fatigue permanente. L'espèce de brouillard mental qui altère les souvenirs de la veille. Ne plus se rappeler ce que l'on a dit, ce que l'on a écrit, si on a, ou non, pris tel médicament. Non, ce n'est pas être une battante, ça, c'est subir, clairement ! Je ne suis pas hyper-courageuse, je n'ai pas l'impression de mériter ces qualificatifs. J'ai simplement choisi de ne pas mourir et à partir de là, je fais ce qu'on me demande. Je fais plus souvent ce qu'on me demande que ce que je veux.

On me dit aussi souvent que je vais m'en sortir. Je pense que c'est le truc qui m'a le plus heurtée depuis le début parce que mon cancer n'est pas guérissable. Les médecins me l'ont rapidement dit, même si j'ai mis plus de temps à le comprendre et à l'accepter. Mais à partir du moment où je sais que je ne suis pas guérissable, le « tu vas t'en sortir » me heurte énormément. Je suis néanmoins un peu responsable de ces « encouragements » parce que je n'ai pas forcément dit tout de suite que je n'étais pas guérissable, principalement pour des raisons professionnelles. Très longtemps, j'ai eu peur que cela ne joue contre moi, si, à un moment, je pouvais revenir au bureau. Aujourd'hui, j'ai encore cette peur, mais je n'ai plus envie de ce tabou. Donc maintenant, je dis que je ne suis plus guérissable. Et les gens, étonnamment, continuent à m'assurer que je vais m'en sortir. Quand on n'est pas guérissable, c'est quand même assez étonnant de continuer à entendre ça. Mais je ne peux pas en vouloir aux gens car il y a toujours une part d'incertitude et, eux, ils choisissent de croire que je vais m'en sortir. Pas forcément parce qu'ils sont convaincus de l'issue mais parce qu'ils ont besoin que je m'en sorte pour eux-mêmes. C'est affreux, quand vous avez une amie de votre âge qui a un cancer, de se dire qu'elle peut y passer. Je pense que les gens ont besoin de projeter que je vais guérir. Il y a bien sûr la volonté de me donner de l'espoir, de me galvaniser, et je le prends pour ce que c'est : une énorme bienveillance. Mais ça a été un jour un sujet de dispute avec mon conjoint, car il répétait que j'allais m'en sortir : « De toute façon, à Gustave-Roussy, ils disent que dans dix ans, ils seront capables de guérir tous les cancers. Donc tu vas t'en sortir, ce n'est pas possible autrement. Ils vont trouver un truc. » Mais je n'arrivais pas à partager son optimisme. Je n'ai pas besoin qu'on m'encourage et qu'on me porte vers du positif. Avec le cancer, le rapport aux autres devient très difficile sur ces questions-là. La maladie s'impose forcément dans toutes les relations. À partir du moment où les gens savent que tu es malade, ils n'ont plus le même lien à toi et tu n'as plus le même rapport à eux. Beaucoup de leurs phrases m'irritent, m'agacent. Alors qu'en temps normal, tu n'as pas cette susceptibilité permanente avec tes amis et tes proches.

Ce qui m'apaise beaucoup, c'est lorsqu'on me dit : « Je comprends, ça ne doit pas être facile. » Ou bien : « Je suis là, si t'as besoin, je suis là, tu m'appelles, à n'importe quel moment je suis là. Je suis à tes côtés. » Ce sont souvent mes parents qui trouvent ce genre de phrases. La plus grosse preuve d'amour qu'ils puissent me faire, c'est d'accepter que je leur dise parfois : « Papa, maman, j'ai peur de mourir. » Cela doit être affreux pour des parents d'entendre ça, et je culpabilise régulièrement quand je leur envoie cette réalité en pleine face. Mais ils l'acceptent. Le jour où je leur ai dit : « Papa, maman ! En fait, j'ai besoin de préparer ma mort. Je crois qu'il va falloir qu'on y pense, qu'on réfléchisse aux conditions dans lesquelles j'ai envie de partir si je dois partir », ils m'ont répondu : « Pas de problème, nous serons là. » Et dire, tout simplement, cela a été énorme. Me dire : « On comprend. On ne s'en va pas. » Parce que c'est ce qui fait peur dans la maladie, que les gens s'en aillent, que les gens craignent trop la souffrance et ne restent plus. Que je m'en sorte ou non, ce n'est pas l'essentiel. L'essentiel, c'est d'avoir toujours ces gens-là à côté de moi. Voilà ce qui m'apaise le plus : savoir que les gens restent, même quand j'ai peur de mourir.

Ce qui m'aide aussi, ce sont les quelques moments d'évasion que j'arrive à avoir. Je les appelle « mes moments dorés ». Ces petits moments partagés avec tes parents, tes frères et sœurs, tes neveux et nièces, où l'on rigole sur je ne sais plus quelle histoire de famille. Il y a aussi quelques moments avec les amis, comme cette soirée en novembre dans un bar où je suis restée jusqu'à deux heures du matin. Cette soirée avait la saveur de celles d'avant, même si pour moi il n'y avait que du Coca dans mon verre. Plus la soirée avance, plus le son de la musique augmente et plus tu danses n'importe comment. Je me souviens de m'être déhanchée sur une vieille chanson de Bibi Flash : « Ce soir, on sort on oublie nos galères. Ce soir on sort et on oublie tout. Ce soir la vie n'est plus un enfer ça passe partout. » Cette soirée était géniale parce qu'elle m'a fait oublier le cancer pendant quelques heures. Je l'ai payé le lendemain parce que j'étais fatiguée et que je n'étais pas bien du tout. Mais ça en valait la peine.

Je me souviens aussi du concert de Clara Luciani, un de « mes grands moments » de cancer. Je ne sais pas où ma vie me mènera, mais franchement, ce souvenir, je le garde bien précieusement, d'autant qu'au départ je n'étais pas censée pouvoir assister au concert. J'avais pris les billets avant la découverte de ma maladie et la date tombait au départ en pleine semaine de chimiothérapie. Mais finalement, « grâce » à mon hépatite et au report de la chimio, j'ai pu aller voir Clara Luciani. Ça a été un de ces moments dorés que j'adore. J'ai chanté et dansé, notamment sur *Respire encore !*. J'aime beaucoup cette chanson. Elle parle du confinement bien sûr, mais elle dit aussi qu'après une période sombre et compliquée, on peut renaître à la vie et y revenir. C'est une chanson pleine d'espoir et de punch. En plus, lors du concert, des dizaines de petits cœurs dorés sont tombés du plafond et j'ai tendu les bras pour les attraper. J'étais à fond sur ce refrain qui dit une chose simple, comme une injonction : « Respire encore. »

10

Les petites meufs

Comme une bonne partie des jeunes de mon âge, j'ai un compte Instagram. Rien de bien méchant, quelques « stories » par-ci par-là, parfois des photos publiées sur mon « feed » mais c'est tout. Je suis loin d'être une influenceuse, ces jeunes femmes que je suis, dont le métier est de s'afficher avec certains produits, à mi-chemin entre l'envie sincère de guider leurs abonnés dans leurs choix et le partenariat avec des marques contre rémunération. Je suis même loin d'être douée pour ce réseau social, à en voir les super-photos publiées par les filles de mon âge. Nous y voilà : « Les filles de mon âge. » En cet été 2022, j'ai l'impression d'avoir pris dix ans en peu de mois. Il y a encore quelques semaines, mes priorités étaient de savoir quel sujet j'allais essayer d'écrire sur le site web pour lequel je travaille, quels vêtements j'avais envie d'acheter pour l'été en fonction des tendances qui me plaisent, quels bijoux j'allais créer de mes propres mains pour les assortir ensuite à mes tenues. Je me préoccupais aussi de ce que je voulais voir au cinéma, de l'endroit où je voulais partir en vacances, de comment réussir à choisir une place de théâtre sans me fourvoyer complètement.

Et me voilà, aujourd'hui, 11 août 2022, au lendemain de mon trentième anniversaire, branchée à deux appareils qui diffusent à un rythme programmé des produits dans le petit boîtier inséré juste au-dessus de mon sein droit. Pas très instagramable. Je regarde rapidement les publications des gens que je suis : vacances, soleil, jolies tenues, cocktails… Une évidence s'impose à moi : « Je ne suis plus comme ces petites meufs. » Ce sentiment d'injustice et de mise à l'écart, je le ressentirai souvent par la suite. Pour ne pas dire tous les jours. Quand des amies me racontent leur vie professionnelle ou les exploits de leur bébé, quand je vois sur les réseaux sociaux les vacances de connaissances sur une plage paradisiaque, quand j'apprends l'évolution d'autres femmes dans un sens que je convoitais. Pourquoi moi et pas elle ? Pourquoi moi et pas un autre ? J'ai regardé les facteurs de risque du cholangiocarcinome avec mon médecin, or je n'en ai pas un seul. Pas un seul. Normalement, ce cancer touche des hommes, je suis une femme. Il touche plutôt des gens âgés, je suis jeune ; des personnes qui ont du diabète ou de l'obésité, je n'ai aucun des deux. Je ne fume pas, je ne bois pas ou très peu. Je n'ai aucun des facteurs de risque. Pourquoi a-t-il fallu que ça me tombe dessus ? C'est très dur à accepter, en fait, d'être malade, soi, et pas les autres, surtout quand on n'a aucun des facteurs de risque, surtout quand c'est un cancer très rare. À quel moment le loto du hasard a-t-il décidé que ça serait sur moi que ça tomberait et pas sur quelqu'un d'autre ? Qu'est-ce que j'ai fait pour mériter ça ? J'ai souvent prononcé cette phrase : « Qu'est-ce que j'ai fait pour mériter ça ? »

D'autres jours, c'est la jalousie qui m'envahit, celle qui vous tord le ventre et vous fait bouillir de rage, à l'idée que la vie (le hasard ? le destin ? une autorité supérieure ?) me vole ma trentaine après que j'ai sacrifié ma vingtaine à mon travail pour construire mon parcours vers le CDI. Oui, je suis extrêmement jalouse. Finies, les soirées interminables avec les copains, à rire, danser et se coucher à une heure improbable. Finies, pour l'instant, les vacances à l'improviste, quand bon me chante car j'ai quelques jours et que j'ai dégoté des billets d'avion pas chers. Finies pour le moment les super tenues ultra-chics. Elles sont remisées au placard car le jogging est tellement plus réconfortant et pratique pour vomir tripes et boyaux à plusieurs reprises dans la journée. Comme l'a écrit l'un de mes oncologues, qui a lui-même dû affronter un lymphome alors qu'il avait une quarantaine d'années, il n'est plus possible de « dessiner des projets, cocher des dates, prévoir les événements lointains [...]. Disposer du temps à venir, le gérer comme un bien de consommation. Je n'aurais jamais pu imaginer que c'était un tel luxe. L'horizon d'un malade comme moi, c'est la prochaine cure. Point à la ligne. Le temps a rétréci. » On m'a volé mon insouciance.

Bien sûr, tout cela va et vient par périodes. Il n'y a pas de linéarité dans ces sentiments. Parfois, de façon fugace, je retrouve « la petite meuf » que j'étais avant tout cela. Mais bien souvent, quand revient la réalité, j'ai le sentiment d'être une quadragénaire qui a replongé dans sa trentaine pour un petit moment de folie. Comme si cette décennie ne m'appartenait pas et ne me concernait pas. J'ai pourtant accompli de jolies choses – à mon goût – avant ces fameux trente ans : un CDI, un achat immobilier, de belles perspectives. Mais voilà, rien n'y fait, mon plan de vol n'incluait pas un cancer. Et celui-ci vient balayer ce bonheur qu'il a été si difficile de conquérir. Il balaie cette dizaine qui aurait pu – dû ? – être magnifique et remplie d'audace. Évidemment tout n'est pas perdu. Mais j'ai quelque part l'impression de partager ce sentiment d'isolement que Delphine Horvilleur, rabbin, rapporte dans son livre *Vivre avec nos morts* quand elle évoque les parents ayant perdu un enfant : « La terre non seulement se dérobe sous leurs pieds mais le séisme les expulse à tout jamais hors d'un territoire qui les abritait et dans lequel ils n'auront plus jamais leur place. Les voilà confinés sur une île, coupés pour toujours de la terre de ceux que cette tragédie a épargnés. » J'ai quelque part, moi aussi, l'impression d'avoir été expulsée de la terre où je vivais. Expulsée loin des jeunes filles de ma génération.

11

Une île

J'ai effectivement atterri sur une île, celle du cancer, qui me dévore et me ronge. Mais ce que je n'ai pas saisi – ni voulu saisir – tout de suite, c'est que cette île n'est pas déserte. Elle est peuplée de nombreux hommes et de nombreuses femmes qui, comme moi, ont été expulsés à tout jamais de ce « territoire qui les abritait ». Et, finalement, dans cette insécurité qui est la mienne, je vais apprendre progressivement à regarder autour de moi. Au début, j'ai des œillères : je ne suis pas comme certains malades qui ont besoin de communiquer avec d'autres patients, actuels ou anciens, pour partager leur vécu, leur quotidien, leur ressenti et leurs peurs. Pourtant, ça n'a pas été faute de propositions. De nombreux amis ou membres de ma famille m'ont proposé de dialoguer avec des connaissances qui avaient été touchées par la maladie. Ma propre tante en a été victime juste avant moi. Malgré tout, les trois premiers mois, je suis incapable de m'ouvrir à ce partage d'expérience qui pourrait pourtant me rassurer et m'apporter un peu plus de légèreté.

Il faut attendre le mois de septembre pour que le déclic se fasse. Comme tous les malades du cancer, on m'a chaudement – si ce n'est expressément – recommandé de pratiquer une activité sportive pendant mon traitement. Or, le sport que je pratiquais avant la maladie est clairement hors de portée : trop de cardio, trop d'intensité. Clairement, si je tente la moindre séance, je tombe d'inanition avant le cap des dix minutes. Je cherche sur le site de la Ligue contre le cancer une liste des séances de sport santé proposées dans mon département. L'une d'elles est dans la commune limitrophe de la mienne. Trente minutes de marche, entre cinq et dix de vélo : ça ne sera pas facile tous les jours en fonction de ma forme. Mais les sessions ont le mérite d'exister. Me voilà inscrite auprès de la coach qui, au téléphone, me paraît très douce et très avenante.

Le jour de la première séance, je pousse timidement la porte de la salle municipale qui est allouée à ce cours de sport adapté. Et me voici au milieu d'un groupe d'une dizaine de mamies – pardon pour elles – d'entre soixante-dix et quatre-vingt-cinq ans environ. Elles semblent toutes se connaître, bavardent, plaisantent gentiment.

D'emblée, elles remarquent mon arrivée (difficile de faire autrement vu la différence d'âge) et m'interrogent doucement : « C'est quoi ton cancer ? Tu es sous quel traitement ? Tu es traitée où ? » Comme avec mes amis, le feu des questions, les mêmes à plusieurs reprises. Mais, étonnamment, les leurs ne m'agacent pas. Leurs interrogations sont pleines de la même bienveillance et de la même sollicitude que celles de mes proches, le vécu en plus. Ce que je lis dans leur regard, c'est la compréhension de ce que je traverse. Toutes ou presque ont fini leur traitement – parfois depuis bien longtemps. Toutes comprennent donc ce que veulent dire « chimio », « immunothérapie », « nausées » – celles qui vous prennent le matin au réveil pour ne plus vous lâcher jusqu'au soir. Je n'ai pas besoin d'expliquer, de justifier, d'en dire trop. Elles SAVENT. Et comme le cancer est parfois loin derrière elles, je les sens investir un peu d'énergie à mon égard. À chaque cours, elles me demandent comment je vais. Quand je passe deux mois sans venir à cause de mes hospitalisations, la coach m'écrit pour avoir des nouvelles car toutes s'inquiètent pour moi. Un lien se crée, celui que j'avais profondément refusé jusqu'alors.

Au-delà de ce qui nous relie dans la maladie, je sens que ce qui nous différencie – notre âge – est aussi un vecteur d'attachement entre elles et moi.

Elles sont marquées par ma jeunesse et ce que je dois endurer. J'en viens à considérer l'une d'elles, Jeanine, comme une mamie d'adoption. Parce qu'elle me demande toujours – sans faute ! – comment je vais, parce qu'elle essaie toujours de me rassurer, parce qu'elle met à profit ses compétences d'ancienne coiffeuse pour m'aider à gérer au mieux la perte puis la repousse de mes cheveux. C'est Jeanine qui les coupera pour la première fois quand ils repousseront après l'arrêt de la chimiothérapie. Elle m'enlève la « queue de rat » qui ornait ma nuque. Elle le fait avec tendresse, délicatesse et beaucoup de douceur tout en me disant que mes cheveux sont forts, résistants et qu'ils vont repousser. Et elle sait à quel point c'est important pour moi. Elle me dit aussi qu'elle croit fort en ma guérison, qu'elle veut y croire, que ça doit arriver. Dans sa bouche, ces mots résonnent comme une promesse et non une injonction. Nous parlons la même langue, en fait.

Avec la bienveillance, je trouve auprès de mes mamies un peu de légèreté. La maladie est là, certes, mais on peut parfois en rire. Je garderai toujours le souvenir de Françoise, cette grande gaillarde qui fait au moins un mètre soixante-dix et s'emploie toujours à faire rire son monde. Un jour, alors qu'une autre participante radotait intensément sur le fait qu'elle en était à son cinquième cancer (ce qui est affreux, horrible, terrible, je ne jugerai jamais cela), elle lance, brut de décoffrage : « Et quand t'en as eu quatre, le cinquième est gratuit ? » Et nous voilà toutes hilares pendant plusieurs minutes. Le cancer m'offre, à nouveau, certains de ces « moments dorés » aux côtés de mes « petites mamies de la gym » comme j'aime à les appeler affectueusement. Au-delà du sport, c'est une vraie respiration que je prends à chacune de ces séances, aussi parce qu'elles m'offrent du lien social, mais un lien social qui ne me heurte ni ne me brusque, moi qui suis devenue si susceptible avec les autres au fil de la maladie. Comme le dit Delphine Horvilleur à propos de la perte d'un enfant, « la mort [...] vous condamne à l'exil sur une terre que personne ne peut visiter, à part ceux à qui il est arrivé la même chose ».

12

Faire le deuil de soi

Il est communément admis dans la communauté médicale qu'un deuil ne se fait pas en un jour, mais en plusieurs étapes psychologiques, qui permettent à l'individu de faire face à la perte et de reconstruire sa vie psychique sans la personne disparue. On associe de manière quasiment exclusive le deuil à ceux qui ont connu le défunt et on évalue sa durée à environ un an. Ce que l'on sait moins, c'est que le modèle connu du deuil – en cinq étapes – a été théorisé à l'origine pour décrire ce que traversent les malades en phase terminale, avant leur décès. C'est le travail effectué par la psychiatre américano-suisse Elisabeth Kübler-Ross dans son livre *Les Derniers Instants de la vie*, publié en 1969. Aujourd'hui, on semble avoir oublié que les malades eux-mêmes – avant toute autre personne – ont ce deuil à faire.

Mais a-t-on vraiment besoin d'être en phase terminale, à la croisée des deux mondes, pour en arriver à devoir faire le deuil de soi ? Si ma maladie est évidemment grave et incurable, je n'en suis pas au point – au moment où j'écris ces lignes – de passer l'arme à gauche. Surtout, au diagnostic de la maladie, aucun des éléments de gravité dont j'ai eu connaissance plus tard ne m'a été formulé. Et pourtant, je dois le reconnaître après coup : j'ai fait le deuil de moi. Si je devais être précise, je situerais mon expérience entre le deuil « normal » et le deuil « blanc », celui qui peut également toucher une personne et ses proches en dehors d'une situation de mort mais lorsque la maladie change la personne à tout jamais. Ce « deuil blanc » est notamment évoqué lorsqu'il s'agit des malades d'Alzheimer, que leurs proches ne reconnaissent plus mais qui sont pourtant bien là, vivants, sous leurs yeux. J'ai donc vécu mon propre deuil. Et tout cela m'a pris une année. Je suis passée par un millier d'émotions en même temps, parfois mélangées, parfois dans le mauvais ordre, avec parfois des retours en arrière dans ce que je croyais avoir soldé. Mais, si je regarde objectivement derrière mon épaule, ces cinq étapes sont là : le déni, la colère, le marchandage, l'abattement et l'acceptation. Toutes m'ont habitée à un moment donné. Toutes ont apporté leur lot d'émotions, d'interrogations, de réflexions confiées à ma psychologue.

La phase de déni est, sans aucun doute, celle qui m'a été la plus dure à vivre. Je suis entrée dans un cabinet de radiologie de l'Ouest parisien comme une femme de trente ans, joyeuse, dynamique, en bonne forme physique, pleine de réalisations et de projets ; j'en suis ressortie hagarde, indifférente à la chaleur écrasante d'un mois de juin, les joues ruisselantes de larmes, la peur installée dans la cavité abdominale à jamais et remontant jusqu'à ma gorge pour la prendre entre ses mâchoires puissantes. J'en suis ressortie malade, hébétée, appuyant le compte rendu du scanner sur une poubelle jaune de recyclage pour le lire à ma mère au téléphone dans un silence de plomb, malgré les bruits de la ville qui ne troublaient pas le vide assourdissant installé dans ma tête à cet instant. Le choc, pour ma part, ne s'est pas vraiment manifesté au moment du diagnostic même du cancer, mais bien au moment de l'imagerie qui a révélé la masse hépatique. Est-ce parce que c'est moi qui ai formulé la première le mot « cancer », interrogeant le radiologue sur la probabilité que cette image en révèle un ? Est-ce que j'avais déjà compris que cette masse était maligne ?

Ce qui est sûr, c'est que l'incrédulité générale – pas seulement la mienne – a contribué à cette phase de déni. En effet, tout le monde autour de moi semblait hébété par ce qui se passait, et à juste titre. À commencer par ma mère, mon phare dans l'obscurité, une infirmière qui a passé vingt ans en service de chirurgie viscérale et qui vous dit qu'elle n'a jamais vu de sa carrière un cancer affectant la région du foie sur un sujet aussi jeune et n'ayant aucun facteur de risque. Je lui ai tout de suite fait confiance, même si je lui ai bien précisé que le radiologue m'avait assuré que ça pouvait être un cancer. Ma mère, mon phare, ma lumière, ne s'était jamais trompée sur un diagnostic me concernant. Elle avait un flair impayable, décelant toujours en amont les choses à faire, les probabilités, les conséquences de la moindre affection. Comment alors se convaincre que l'on est peut-être atteinte d'un cancer alors qu'on n'a pas trente ans et – biais trompeur – qu'il ne s'agit pas du sein ? Car j'avais en tête la possibilité de développer un cancer jeune mais, je ne saurais expliquer pourquoi, cela se limitait selon moi au cancer du sein. Parce qu'ils se développent dans la jeunesse ? Parce qu'on en parle beaucoup plus que des autres cancers et qu'on voit donc régulièrement des jeunes femmes en être atteintes ? Parce qu'on se dit que les hormones sont en pleine activité à cet âge-là ? Aujourd'hui encore, je n'ai toujours pas compris pourquoi j'ai limité ma perception du cancer affectant les jeunes au seul cancer du sein.

Finalement, le séjour à l'hôpital militaire juste après mon scanner m'a préparée à l'annonce. Il a un peu « acté » qu'il se passait quelque chose de grave, m'a obligée à m'y confronter, même si les résultats n'étaient évidemment pas encore tombés. La sollicitude de mon docteur H., très présent et très à l'écoute, m'a aussi amenée à m'interroger. Et si c'était réellement un cancer ? Tout mon esprit envisageait cette éventualité plusieurs fois par jour, pour finir par la rejeter, sans en être pleinement convaincue. Toute ma vie, et particulièrement pendant l'enfance, j'ai imaginé le pire me concernant sur le plan médical. C'est quelque chose que je n'ai jamais osé avouer à mes proches : chaque fois que je passais un examen, j'imaginais qu'on allait me déceler une maladie grave. Rempart de l'esprit pour se préparer au pire ? Je ne sais pas. Mais jusqu'alors, ce pire n'était jamais arrivé jusqu'à moi. Et voilà qu'après une vie à l'imaginer – tellement que je me suis parfois demandé si je ne l'attendais pas – j'y suis confrontée. Cette fois, c'est vrai : je suis gravement malade. L'annonce, si douce soit-elle, reste une véritable effraction psychique dans le réel bien organisé que je m'étais créé. Il y aura toujours un « avant » et un « après ». Je suis à la fois extrêmement surprise et en même temps terriblement résignée – déjà ! Ce qui est le plus pénible à cet instant-là, c'est le vide qui suit. Voilà, j'ai un cancer. Les secondes qui s'écoulent après l'annonce ne sont pas différentes de celles d'avant : le monde continue de tourner, des bébés naissent, des gens meurent, le personnel de l'hôpital poursuit son tour de garde, mon médecin doit sûrement s'occuper d'un autre cas. Et moi, j'ai un cancer. J'appelle mes proches pour leur annoncer la nouvelle sans trop réaliser ce que je dis. Après tout, pour l'instant rien n'a changé, non ? Le soir, je prends docilement le tranquillisant prescrit par mon docteur H. pour dormir, même si ce n'est pas tellement l'inquiétude ou l'angoisse qui domine mais plutôt une foule de questions. Le choc, l'incrédulité, viendront finalement le lendemain, au réveil, après une nuit relativement courte. Au réveil, rien n'a changé. Ce n'est pas un vilain cauchemar, le médecin ne pousse pas la porte pour me prévenir qu'ils se sont trompés, je vais réellement voir dans quelques heures les meilleurs oncologues en la matière. Au réveil, la certitude s'impose : j'ai vraiment un cancer. Et, malgré cela, je resterai incrédule et hébétée – quoique concentrée – pendant plusieurs jours, le temps des quelques rendez-vous médicaux qui s'enchaînent pour envisager la suite de mon parcours médical.

13

Des effets secondaires à la Prévert

Lorsque mes oncologues m'annoncent que l'on va passer à une deuxième ligne de traitement, abandonner la chimiothérapie et l'immunothérapie, ils me précisent qu'elle n'est pas utilisée depuis longtemps mais qu'elle peut fonctionner sur moi. Je sens qu'ils ont peu de recul – ils ne me le disent pas forcément –, mais en même temps ils paraissent très confiants dans cette « thérapie ciblée ». Cela fonctionne totalement différemment de la chimiothérapie. Dans mon profil génétique, en analysant la biopsie, le petit morceau de tumeur qu'on m'a prélevé, ils ont trouvé une forme de mutation génétique, qui est la porte d'entrée de la tumeur. C'est ce qui lui permet de se développer et, en même temps, c'est sa plus grande faiblesse. La thérapie ciblée va donc s'attaquer directement à la mutation génétique et l'empêcher de développer des cellules cancéreuses.

L'avantage, c'est que cela ne va plus détruire autant de cellules saines que la chimiothérapie, et le traitement est beaucoup plus facile à gérer. Ce sont des comprimés à prendre régulièrement le matin et le soir. Et c'est tout. Je n'ai plus besoin de venir à l'hôpital et de rester cinq heures dans une chambre, avec un plateau repas dégueulasse – on ne va pas se mentir. Tout ça, c'est fini. Finis aussi les produits qui passent dans la chambre implantable. Tout va se faire par voie orale avec des médicaments prescrits par les médecins. J'aurai simplement des rendez-vous de suivi mensuel avec une prise de sang, des réévaluations tous les trois mois avec le scanner et entre-temps une personne m'est dédiée, une infirmière de thérapie orale que je peux appeler dès que j'en ai besoin, dès qu'il y a un souci.

Cela a changé ma vie. Littéralement. Je n'ai presque plus de vomissements, même si je dois avouer que les nausées ont été longues à se calmer. Sans doute y avait-il un effet psychologique. Je suis même allée voir un hypnothérapeute qu'on m'avait conseillé pour faire comprendre à mon cerveau qu'il n'avait plus besoin d'avoir des nausées et des vomissements tout le temps. Maintenant, c'est quasiment réglé. Je ne ressens plus non plus ce brouillard mental dans lequel je me débattais avec la chimiothérapie. Ma concentration s'est améliorée. Auparavant, je lisais dix pages maximum, maintenant je peux lire quarante pages d'un coup, c'est un bonheur. J'arrive aussi à nouveau à lire des articles de presse un peu longs, ce que je ne parvenais plus à faire. Avec la chimio, j'étais obligée de les trier par temps de lecture. Je peux plus facilement sortir voir des amis. Je retourne un peu au musée voir des expositions et la charge mentale s'est considérablement allégée.

Il me reste le pilulier. C'est d'un agréable, à trente ans, d'aller à la pharmacie pour acheter un pilulier, comme les papys et les mamies ! Mais il y a un moment où tu n'as pas le choix. Déjà cela m'énerve de voir traîner toutes ces boîtes de médicaments sur la table et surtout, au bout d'un moment, on ne s'y retrouve plus forcément et on n'est pas sûr de prendre les bons médicaments au bon moment. J'ai donc acheté un pilulier – une espèce de petite réglette en plastique avec un couvercle qui glisse – et, une fois par semaine, je prends dans le placard mon énorme sac avec tous les médicaments et un à un je les glisse dans le pilulier. Ensuite, tu n'as plus à réfléchir. Tous les jours, tu ouvres la case, tu prends ce qu'il y a dedans, point barre. J'ai aussi mis quatre alarmes sur mon téléphonc. Une alarme pour les traitements du matin, une pour ceux du midi, une troisième pour l'inhibiteur de la pompe à protons – un médicament pour que mon estomac ne soit pas trop abîmé par la masse de médicaments – et la dernière alarme pour les traitements du soir. C'est important de respecter les horaires parce que mes nouveaux traitements nécessitent d'être pris à heure fixe. Désormais, je me lève tous les matins à la même heure, et tous les soirs, à la même heure, je prends les médicaments. Dans ces conditions, difficile d'oublier la maladie. Mes alarmes me la rappellent au moins quatre fois par jour.

Ce qui change par rapport à un traitement classique, c'est la nature des médicaments. Tu t'en rends compte très vite, dès que tu ouvres la boîte, à la longueur de la notice. Elle est tellement épaisse qu'elle est collée comme un livre et, quand tu la déplies, elle fait environ un mètre de long *recto verso* et la liste des effets indésirables est un inventaire à la Prévert : troubles au niveau du cœur, troubles oculaires, diminution du nombre de globules rouges, noircissement de la peau, problèmes liés aux nerfs, maux de tête, sensation vertigineuse, toux avec crachats de filets de sang, vomi contenant du sang, perte de la vision, saignements, pression artérielle élevée, troubles visuels, maux de ventre, diarrhées, vomissements, nausées, constipation, démangeaisons, peaux sèches, perte des cheveux, alopécie – je ne savais pas –, épaississement des couches superficielles de la peau, douleurs articulaires, douleurs, faiblesse ou spasmes musculaires, dorsalgies, extrémités douloureuses, fièvre, gonflement des mains et même… cancer de la peau, ou plutôt carcinome épidermoïde cutané, si on veut être précis. Je pourrais continuer d'égrener la liste pendant des lignes et des lignes.

Pour l'instant, j'ignore si cette thérapie fonctionne. Je sais simplement que mon corps la tolère bien et que ma vie quotidienne est beaucoup plus agréable. Pour savoir si le traitement fonctionne sur mon cancer, il faut passer un scanner, le fameux scanner de contrôle. Le moment tant redouté qui me fait angoisser chaque fois. Rendez-vous au premier sous-sol de l'hôpital, attendre sur les sièges bleus bien garnis. Être appelée, donner la grosse boîte du produit de contraste récupérée à la pharmacie, le résultat de la dernière prise de sang. La pose du cathéter, parfois difficile (un jour, il a fallu s'y reprendre à six fois), et patienter dans cette antichambre, ce petit box étroit, sas entre le scanner et le monde normal. S'allonger sur la table, relever les bras avec mon porte-bonheur dans la main (un bout de filet de pêche baptisé Ulysse offert par un être cher). Je pensais être plutôt zen, j'ai effectué jusqu'ici tous les gestes de façon automatique, avec bonne humeur et sans impatience. En réalité, quand je lève les bras, je sens tout de suite l'odeur de ma sueur me monter aux narines. C'est le stress ultime. Le juge de paix. Mais pas le temps d'y réfléchir plus, c'est parti.

« Attention, gonflez les poumons, bloquez la respiration… Respirez normalement, ne bougez pas. » Premier passage dans l'anneau. Le petit voyant qui figure un bonhomme passe du vert au rouge puis de nouveau au vert pendant qu'un décompte se fait juste à côté. Le bruit d'une porte. On m'injecte le produit de contraste. Sensation de chaud dans les mains, dans la zone pelvienne, un goût iodé dans la bouche. Repasser dans l'anneau. « Attention, gonflez les poumons, bloquez la respiration… Respirez normalement, ne bougez pas. » Fini. En quelques instants seulement, qui me paraissent être une éternité, mon avenir s'est inscrit sur leur écran. Leur apparaît la suite de ma vie, ce que va me dire mon oncologue, ce que je pourrai faire ou pas dans les prochains mois, ce que je peux espérer ou non. Difficile sensation. Tout l'enjeu de ce scanner se résume à une poignée de secondes dans un anneau et un écran sur lequel s'affichent mes organes, ma tumeur aussi. Ses métastases.

Après le scanner, vient l'attente des résultats, très difficile à vivre chaque fois. J'ai la sensation d'être en apnée, comme si l'air ne pénétrait plus dans mes poumons, comme si la Terre s'arrêtait de tourner. Or elle poursuit son inexorable course en parallèle, ce qui me conduit – le stress aidant pleinement – à faire de nombreuses erreurs et gaffes. Rendez-vous oubliés, liste de courses incomplète, oublis de médicaments. Je suis là sans être là. C'est le corps tout entier qui entre dans la salle du scanner, mais c'est le corps sans l'esprit qui en ressort. Mon esprit est resté là-bas, sur la table, fixant l'écran qui indique mon nom et mon numéro de patient, entendant encore les instructions diffusées pendant l'examen. Mon corps, qui est ressorti, n'est qu'une boule d'angoisse.

Les nuits sont difficiles, hachées, absolument pas reposantes, courtes. Les calmants aident mais si je me lève pour aller aux toilettes, par exemple, c'en est fini du sommeil. Mes parents viennent toujours quelques jours avant le rendez-vous, auquel ils assistent avec moi. Ils dorment dans le canapé-lit de mon salon. Le matin, quand je suis réveillée et qu'il est une heure raisonnable, je vais dans le salon et me glisse entre eux dans le lit. Comme quand on était petites et que le dimanche, mes sœurs et moi, on allait dans leur lit. On regardait les dessins animés sur la télé noir et blanc pendant que mes parents préparaient le petit déjeuner ; mon père mettait les croissants – on achetait une pâte en boîte ! – dans le four. Cette fois, je suis plus grande, mais qu'importe. Ils m'accueillent. Mon père met sa main sur le haut de mon buste, juste sous le cou, et ma mère glisse son bras le long de mon ventre. Mes mains sont sur les leurs. On reste là, à respirer tranquillement, sans parler. Moment suspendu.

Que se passe-t-il dans leur tête de parents ? À quoi peut-on bien penser quand on a un enfant gravement malade ? Je n'ose pas le leur demander, c'est leur jardin secret.

14

Les médecins malgré eux

La relation à l'autre est profondément chamboulée par la maladie grave. Cela me donne souvent, en tant que malade, une forte impression d'asymétrie. J'essaie malgré tout de garder en tête la bienveillance qui anime les gens et leur envie – même maladroite – d'aider la malade que je suis. Mais il est des moments où cette asymétrie atteint son paroxysme. Quand des amis ou des connaissances s'improvisent médecins et vous conseillent toutes sortes de traitements miracles dont ils sont convaincus qu'ils vont fonctionner et vous sortir de l'ornière. Ces moments sont particulièrement vifs dans ma mémoire.

Ma première confrontation à ces formes de charlatanisme – on ne parle pas là du simple conseil que n'importe qui pourrait formuler – a lieu au tout début de ma maladie. C'est l'été, je viens de démarrer la chimiothérapie. Le premier message, anodin, arrive lors de mon anniversaire. Au milieu de vœux assez traditionnels, une amie d'enfance de ma sœur m'envoie « un cœur vert car le vert c'est l'énergie de la guérison ». Je ne relève pas et ne saisis pas qu'il s'agit là d'une première approche. Le lendemain, elle m'envoie un plus long message, pour m'expliquer qu'elle a parlé de mon cas à l'énergéticienne qui la forme. « Elle est très forte, c'est elle qui a enlevé le kyste au cerveau de ma fille quand elle était encore dans mon ventre. » Je tique. Trouve cela étrange. S'ensuit le retour formulé par ladite énergéticienne : « Informe-la qu'elle pense positivement et qu'elle parle à ses cellules. Regarde la définition du cancer foie-vésicule chez Jacques Martel ou Estelle Daves et qu'elle répète les phrases, chaque jour. Elle conscientisera son blocage et, qui sait, pourra inverser le cours des dires médicaux. » Je suis sonnée. Complètement ahurie par ce que je viens de lire. Parler à mes cellules ? Conscientiser mon blocage ? Mais quelle violence ! Ce message insinue, en creux, que je suis malade parce que je ne fais pas ce qu'il faut, parce que j'ai un « blocage ». Et il insinue, par ailleurs, qu'il en va de ma responsabilité – là encore – d'inverser le cours des choses. Je fulmine. Je suis choquée qu'on puisse m'envoyer un texte pareil alors que je suis malade, que je subis encore la violence du diagnostic et des premiers traitements (même si je pense qu'un tel message m'aurait aussi atterrée quelques mois plus tard…). Sur le coup, je réponds assez gentiment – ce que je regretterai par la suite quand elle m'écrira de nouveau. Je lui dis simplement que le message de l'énergéticienne me paraît « un peu dur ». J'enrobe le tout de bienveillance, alors que c'est moi la malade. Sa réponse me fait bondir encore plus haut – si c'est possible : « C'est une technique de guérison qui a déjà fait ses preuves », assure-t-elle notamment, tout en affirmant que « c'est complémentaire de la médecine conventionnelle bien entendu ». Bien entendu. Là encore, je reste gentille – trop ! – et lui réponds avec bienveillance. Mais le mal est fait : quand elle reviendra vers moi au bout de quelques mois, je lui enverrai ma colère à la figure. Et depuis, je ne veux plus entendre parler d'elle. J'ai bien conscience qu'elle s'est égarée dans des chemins complètement hasardeux, mais j'estime qu'il ne m'appartient pas d'en payer les pots cassés.

La seconde expérience intervient alors que la découverte de la maladie remonte à dix mois. Là encore, c'est du cercle amical qu'il s'agit. Une amie que je connais depuis la maternelle, avec qui les liens se sont distendus depuis notre bac mais restent réguliers malgré tout. Depuis le début de la maladie, elle se montre très affectée par ce qu'il m'arrive, au point que c'est parfois moi qui la réconforte ! Elle m'envoie aussi beaucoup d'encouragements, pas toujours les mieux rédigés en matière de tact vis-à-vis du malade mais avec toujours une sincérité qui reflète complètement la personne généreuse qu'elle est dans la vraie vie. J'ai d'ailleurs l'impression que la maladie nous a rapprochées, car elle-même souffre d'une maladie chronique depuis quelques années. J'ai donc le sentiment que nous traversons des choses communes. Mais ce jour d'avril, elle m'écrit un SMS d'une absurdité incroyable : « Je me permets de te conseiller de prendre des gélules de Beljanski. »

Faisons tout de suite un petit point : le débat fait souvent rage entre partisans et opposants aux produits de Mirko Beljanski. Voici donc un bref résumé des recherches que je fais à ce moment-là. Ce biologiste moléculaire français né en Serbie a travaillé notamment à l'institut Pasteur, dont il sera finalement licencié, puis au CNRS. Il dit avoir mis au point des produits, issus de plantes, permettant de traiter le cancer. « Les extraits naturels et non toxiques développés et perfectionnés par Mirko Beljanski bloquent sélectivement la duplication de l'ADN déstabilisé cancéreux sans affecter l'ADN sain », assure le site Internet de sa fondation, qui promet que cela agit « sur chaque type de cancer et à chaque stade ». Or, les « médicaments » mis au point par cet homme n'ont jamais obtenu d'autorisation de mise sur le marché en

France. La demande déposée en 1995 est rejetée, car Beljanski ne présente pas d'essai clinique aux normes pour attester à la fois des bénéfices et des risques de ses produits. À la fin des années 1980, il s'était mis à fabriquer ses gélules dans un garage d'Ivry-sur-Seine. Une association est alors créée pour promouvoir et commercialiser les produits auprès des malades. Des poursuites sont engagées et elles aboutissent à un procès en 2001, puis en 2002, en appel. La femme de Mirko Beljanski, qui est mort en 1998 d'une leucémie, et une quinzaine d'autres personnes sont condamnées pour « exercice illégal de la pharmacie » et « fabrication et vente de médicaments sans autorisation », entre autres. Aujourd'hui, la maison Beljanski propose les produits de Mirko sous forme de compléments alimentaires, *via* un site basé aux États-Unis. Elle propose également du coaching holistique, un salon de thé à New York où déguster de l'OnkoTea (de simples thés verts ou infusions) mais également des « événements pédagogiques ». Sur le site, on lit que l'objectif de la maison Beljanski est « d'encourager chacun à prendre sa santé en main ». Tiens, tiens, ça me rappelle quelque chose.

Ce jour d'avril donc, cette amie m'envoie la recommandation de prendre ces gélules. D'où tire-t-elle cette information ? D'un collègue rencontré dans un port où elle venait livrer de la marchandise.

La femme de ce collègue avait apparemment un cancer très grave, localisé à plusieurs endroits, et s'est donc tournée vers la méthode Beljanski. « Elle est sauvée depuis, alors que les médecins la pensaient en phase terminale », assure-t-elle. Cela me paraît un peu miraculeux pour de simples gélules. Je sens le loup venir à grands pas, flaire l'odeur de l'énorme fumisterie mais je poursuis la lecture malgré tout. « Il faut juste cependant que ça soit un naturopathe qui te prescrive les dosages journaliers et ça ne se trouve pas en France mais sur Internet en Angleterre. » Nous y voilà ! Des gélules miraculeuses contre le cancer qui ne sont pas prescrites par le corps médical et sont indisponibles en France, je suis donc sauvée ! Mais quelle absurdité. À cet instant, je suis lassée. Lassée que les gens m'envoient ce genre de bêtises – pour ne pas être plus vulgaire –, mais surtout lassée que ces personnes ne prennent pas le temps de faire quelques recherches avant de me conseiller ces arnaques. Je le lui fais remarquer dans un message cinglant, tant ma colère est grande.

Je sens bien que ma réponse, pleine de colère, l'a blessée et surprise ce jour-là. Mais le sujet est trop important : que se passera-t-il si cette personne recommande la même chose, dans dix ans, à quelqu'un d'autre ? Je n'ai pas envie de laisser passer une telle désinformation. À cet égard, je dois dire que mes oncologues ont été exemplaires : dès le premier jour, ils m'ont dit de me méfier grandement des conseils qu'allaient me prodiguer les gens. Ils m'ont dit de rester sur mes gardes. Et les infirmières et pharmaciens de l'hôpital m'ont toujours alertée sur la nécessité de les consulter avant de prendre tout traitement supplémentaire – y compris les compléments alimentaires, dont les effets ne sont parfois pas anodins.

Je peux saisir la peur que représente l'annonce d'un cancer, pour l'avoir vécue. Et je mesure donc l'envie qu'on peut avoir de tout tenter, coûte que coûte, pour guérir, pour s'en sortir, pour sauver sa peau. Mais tout est dans cette expression : « coûte que coûte ». Car c'est le nœud de l'affaire – l'argent. Qui peut croire que ces prétendues méthodes miracles vous sont offertes par la Sécu ou l'AP-HP ? Non, évidemment, ces produits non médicaux se monnaient au prix fort, alors même que certains malades subissent une précarité financière du fait de la baisse de revenus que peut représenter un arrêt de travail. La boîte de 100 gélules de Pao Pereira de Beljanski, à raison de 10 gélules par jour ? 79 euros. Une consultation chez un énergéticien ? 100 euros, par exemple, pour une praticienne installée dans ma commune. Quelle belle représentation d'altruisme ! Et ce sont ces mêmes « professionnels » qui vont vous expliquer que le marché du cancer génère des milliards au profit des laboratoires uniquement intéressés par l'argent qu'il y a à gagner sur le dos des malades. Bien évidemment, je sais que le marché du cancer attire les convoitises puisqu'il est – et c'est une logique économique de base – en plein développement. Mais se faire soigner en France peut ne quasiment rien coûter. J'en suis le témoin au quotidien. Et le dévouement des médecins qui font tout pour sauver leurs patients ne peut être remis en cause, pourtant le doute est là et la médecine devient pour certains l'ennemi ou tout du moins une source de méfiance. À mon grand regret.

15

J’ai l’air d’un clown

Il y a plein de choses auxquelles j’aurais pu penser quand on m’a annoncé que j’avais un cancer, mais l’une des premières a été : « Je ne vais plus avoir de cheveux, je vais être chauve, je ne vais plus avoir de sourcils. Mon moi, mon visage vont changer. » C’est bête mais je ne voyais que le changement d’identité par le physique. Finalement, au premier rendez-vous où l’on parle de la chimiothérapie, sans même que je pose la question, mon oncologue me dit qu’*a priori*, avec ce traitement-là, je ne devrais pas perdre mes cheveux. Et cela a été un soulagement incroyable. Dans ma tête, je me dis presque : « Yolo, envoie ta chimio, tout va bien, c’est génial quoi ! » Je suis tout de suite rassurée alors que sincèrement, avec le recul, mes cheveux, ce n’était rien à côté du reste.

Il se trouve que malheureusement je perds quand même mes cheveux, parce que la science n’est pas exacte et que, peut-être, comme je suis jeune, la chimiothérapie marche très bien et détruit efficacement toutes les cellules qui se reproduisent vite. Je me retrouve ainsi à perdre mes cheveux. Pas tous, mais la moitié, et, très vite, cela me gêne. Cela devient inesthétique parce que j'ai des trous par endroits. Il y a une perte de volume. Quand je les attache, c'est pareil, ça fait des trous çà et là. J'ai retrouvé une photo que j'avais envoyée à une amie, et je me rends compte aujourd'hui que c'était affreux. Très vite, je me dis que ce n'est plus possible et qu'il va falloir faire quelque chose.

Je me décide à en parler aux infirmières de l'hôpital de jour quand je suis en chimiothérapie. Elles me conseillent deux marques de perruques qui sont plutôt pas mal. Je choisis l'une d'entre elles, je regarde les prothésistes capillaires qui les proposent dans l'agglomération parisienne et je me retrouve dans un de ces « salons » à Vincennes. Le prothésiste étudie mon cuir chevelu et me dit : « Effectivement, là, vous en perdez trop. On voit qu'ils sont encore en train de tomber, ça ne va pas s'arrêter, donc c'est peut-être mieux de passer à autre chose. » Et il me montre des perruques et des foulards. Il y a un catalogue. On me propose d'essayer. Je finis par me décider pour deux foulards et une perruque.

La première fois que je sors avec ma perruque, j'ai l'impression que tout le monde voit que j'en porte une, que les gens ne voient que ça. Pourtant, selon mon conjoint, mes parents et mes amis, cela ne se remarque pas du tout. Tous me disent que ça ne se voit pas si on ne me connaît pas d'avant. Mais le premier jour où tu sors avec ta perruque, tu as tout de même l'impression d'être un clown. Heureusement il y a quelques avantages à devoir en porter une. Tu peux choisir ta coiffure, ta longueur, tu n'as pas à te coiffer le matin, ça ne bouge pas. Je me suis même « payé » le luxe d'avoir quelques mèches un peu blondes. Mais je ne me suis jamais totalement acceptée ainsi. Parce que ce n'est pas toi, ce ne sont pas tes cheveux. Tu ne peux pas te passer la main dans les cheveux quand tu as une perruque. Rien que ça, c'est terrible. Je l'ai toujours beaucoup fait et, aujourd'hui encore, il m'arrive d'amorcer le geste, de mettre la main dans les cheveux mais de sentir l'assise de la perruque, le plastique sur lequel ils sont implantés. Alors je m'arrête. La main en suspens.

Sous la perruque que je porte dehors, j'ai les cheveux très courts mais je les montre rarement. Je me montre « tête nue » principalement à mon conjoint, mes parents, mes sœurs, mais pour les autres je mets un petit bonnet. Ce n'est pas vraiment un foulard, ce n'est pas une perruque, c'est juste un petit bonnet qui permet d'embellir un peu les choses.

Il y a une autre catégorie de personnes à qui je me montre la tête nue, ce sont mes neveux et nièces qui ont entre cinq et treize ans. Ils sont tous au courant de ma maladie, mais ils ne savent pas forcément que je me suis fait couper les cheveux à Noël. Et quand ils arrivent, j'ai déjà ma perruque. Sauf qu'une perruque, toutes les personnes qui en ont porté peuvent en témoigner, au bout de cinq heures, cela devient infernal. Ça gratte, ça démange. Au bout d'un moment, j'enlève donc ma perruque mais je ne mets pas mon bonnet et je reviens dans le salon avec mes cheveux ras. Ma nièce Valentine, qui a cinq ans, me dit alors : « Oh, mais tata Mentine, tu ressembles à un garçon. » Au début, je ne sais pas trop quoi lui dire et puis je lui explique que c'est normal, qu'avec ma maladie mes cheveux sont un peu tombés, que c'est pour cela que je les ai coupés très court. Cinq mois plus tard, je l'ai revue et, voyant que mes cheveux avaient un peu repoussé, elle m'a dit : « Toi, tata Mentine, tu as des tout petits cheveux », et je trouve ça vraiment génial. C'est simple et innocent. Les enfants ne se compliquent pas la vie. Moi, je me suis embarrassée de beaucoup de complexes et pour eux, finalement, c'est très simple : je suis malade, je prends des médicaments, point. Ma maladie, elle fait tomber mes cheveux, je les coupe court, point. J'ai des petits cheveux, point. Ça s'arrête là.

Aujourd'hui, je ne porte plus de perruque, parce qu'avec les nouveaux traitements mes cheveux ne tombent plus. Ils ont même commencé à repousser. J'ai rangé ma perruque précieusement dans une boîte et je l'ai posée dans la salle de bains. Je pourrais la ranger dans ma cave, ça prendrait moins de place, mais je n'y arrive pas. La remiser à la cave, ça voudrait dire que tout cela est derrière moi et comme je suis un peu superstitieuse, j'ai préféré la garder près de moi.

Je n'ai presque plus de trous à présent. C'est encore un peu épars par endroits, mais je commence à retrouver mes cheveux. J'ai une coupe courte dont tout le monde me dit qu'elle me va très bien, même si je n'arrive pas à m'y faire. Je veux les laisser pousser. J'ai trop besoin de passer la main dans mes cheveux. C'est obligatoire. J'ai besoin de retrouver mes cheveux. C'est mon identité. Je vois parfois des photos d'amies ou de filles sur les réseaux sociaux qui ont les cheveux longs et je n'ai qu'une envie : retrouver cette coiffure. Cela me paraît de l'ordre de l'impossible, quand on a trois ou quatre centimètres de cheveux, de retrouver une longueur de vingt centimètres, mais oui, j'ai envie de les laisser pousser. Au moins jusqu'à un carré long, la coiffure que j'avais avant, que je vois en ce moment de temps en temps sur des photos quand je fais du tri et qui me manque. Au moins ça. Un carré long et je passerai la main dedans. Sans retenue.

16

Un boulot de malade

Au début de la maladie, on te dit que tu vas aller voir les médecins et l'équipe médicale. Ils vont te prendre en charge et tu n'auras plus qu'à te laisser porter. Mais c'est d'une totale hypocrisie. C'est le plus gros mensonge que j'aie entendu depuis le début sur le cancer.

Être malade c'est un boulot à plein temps. Il faut vraiment que les gens en prennent conscience, on ne se laisse pas porter du tout. Je me souviens de la première fois où je suis allée à l'hôpital Paul-Brousse. Après ma consultation avec les médecins, j'ai dû aller voir ce qu'ils appellent « l'infirmière d'annonce ». C'est elle qui est censée vous prendre en charge, vous expliquer comment le traitement va se passer. Pendant près de trois quarts d'heure, elle n'a pas arrêté de parler et de me dire ce que je devais faire et ne pas faire : ne pas absorber de curcuma, de thé vert et… de pamplemousse (je l'oublie toujours, celui-là). Elle me prévient aussi que je risque d'avoir la peau très sèche et qu'il faut donc acheter telle crème et tel savon. Elle me prévient que je vais être très sensible aux UV, qu'il ne va pas du tout falloir prendre le soleil et qu'il faut acheter une crème écran total 50+. Ensuite, elle m'explique comment va se dérouler la chimiothérapie, qu'il faut prendre soi-même le rendez-vous à l'accueil, que deux jours avant la chimio il faut faire une prise de sang pour vérifier sa capacité à suivre un régime. Il faut penser à envoyer cette prise de sang à son médecin et à l'équipe de l'hôpital de jour. Il ne faut pas oublier de réserver un taxi pour venir et penser enfin à réserver sa séance de chimio à une heure compatible avec les horaires du service parce que certaines séances durent cinq heures et que ça ferme à 18 h. Bref, c'est un boulot de malade ! Moi, je n'y arrivais plus.

Pour m'en sortir, j'ai établi une fiche pratique de mon cancer et de ma chimio et j'ai acheté un calendrier spécial. Si je reprends celui de novembre par exemple : dès le lundi, j'ai noté qu'il fallait faire une prise de sang ; mercredi : chimiothérapie ; vendredi et samedi : injection d'un produit pour remonter mes globules blancs. La semaine d'après, c'est pareil. Lundi : prise de sang ; mercredi : chimio ; vendredi et samedi : les injections… En plus de ça, tous les jours, une infirmière passe me faire une autre piqûre. Il faut aussi aller chez le médecin pour renouveler l'arrêt de travail. Ça, je l'ai noté, parce que sinon tu oublies, comme tu n'as plus de mémoire avec tous les traitements. Tous les matins, mon premier réflexe en préparant mon café est de regarder ce calendrier collé sur mon frigo. Qu'est-ce que je dois faire aujourd'hui ?

Il y a un énorme travail administratif qui accompagne le cancer. Moi, j'ai énormément de problèmes avec la Sécurité sociale, c'est une catastrophe. Ce sont eux qui me paient désormais, mais le paiement n'est pas automatique, à cause d'un bug informatique sur mon dossier. Ils ont d'ailleurs reconnu le bug, mais m'ont expliqué qu'ils ne pouvaient pas le régler[1]. Tous les quinze jours, je suis obligée de me connecter à mon espace Ameli et d'écrire un message demandant qu'ils me versent l'argent auquel j'ai droit. Au bout de trois jours, je reçois une réponse où ils précisent qu'ils s'occupent de mon dossier mais que le versement met en général deux semaines, voire plus, à arriver. Tu as donc une charge mentale financière qui se rajoute, parce que, en attendant, il faut faire attention à ne pas être à découvert. Je trouve

1. En juin 2023, après la diffusion du premier volet du témoignage de Clémentine Vergnaud, la CPAM a diligenté une enquête interne et a été en mesure de corriger ce bug qui affectait, selon ses dires, « plusieurs centaines d'assurés ».

cela totalement scandaleux. On est malade, on est en arrêt de travail, on est censé se soigner, on est censé consacrer son temps à aller mieux, et on le passe à gérer une bureaucratie incroyable. Cela me met hors de moi. Je ne compte pas le nombre de fois où j'ai pété des boulons, toute seule face à mon ordinateur, à cause de la Sécurité sociale, à cause de tous ces tracas ! Et je ne parle pas de la mutuelle qui, une fois sur deux, ne comprend rien à mes demandes, ni de l'assurance de prêt qui m'a obligée à constituer un dossier faramineux.

La Sécurité sociale rajoute des appels pour faire le point. Je n'en ai eu qu'un comme ça, car je pense qu'ils ont compris que ce n'était pas la peine d'en faire un deuxième. Au bout de deux ou trois mois d'arrêt, ils m'ont informée qu'ils allaient m'appeler tel jour et que je devais être disponible pour répondre. Ils ne te demandent pas si tu as un rendez-vous médical, une prise de sang ou une chimio de prévue. Tu n'as pas la possibilité de changer de jour, tu dois être là, tu dois répondre à ton téléphone qui finit par sonner : « Oui, bonjour madame, c'est la Sécurité sociale. On vous appelle parce qu'on fait un point avec les gens quand il y a un long arrêt de travail pour savoir comment vous allez. Alors, est-ce que vous diriez que vous allez mieux qu'au début de votre arrêt de travail ? » Et ça, ça m'a rendue folle ! Ils savent que j'ai un cancer depuis le début, c'est écrit « cholangiocarcinome » sur les arrêts de travail. Est-ce qu'ils pensent sérieusement qu'au bout de trois mois je vais aller mieux alors que je suis en pleine chimio ? Vous ne pouvez pas renseigner les personnes qui appellent ? C'est trop compliqué de faire ça ? Parce que ça te rajoute la charge mentale de rester aimable avec la personne qui t'appelle et qui n'y est pour rien, qui est victime elle-même du système. À ce moment-là, tu as juste envie de l'envoyer bouler et de raccrocher en leur disant d'aller se faire voir.

De manière générale, il n'y a pas beaucoup d'aides, et, sincèrement, il faut aller les chercher. Il faut passer par les gens qui connaissent, parce que sinon, tu te perds dans la jungle administrative. Il existe théoriquement des relais comme les assistantes sociales, mais elles sont très peu joignables, sans doute elles-mêmes débordées. La principale aide dont j'aurais besoin par exemple, c'est une aide ménagère, car le ménage m'épuise littéralement. Je ne demande pas la lune. Je pense que j'aurais besoin de huit heures par mois et la Sécurité sociale m'accorde quinze heures, mais en tout et pour tout. Après ces quinze heures, on m'a dit que c'était terminé, que c'était une aide « ponctuelle ». Pour avoir encore droit à quinze heures, il faudrait être encore plus malade. Il faudrait que mon état s'aggrave. Donc c'est bien, ils comptent sur le fait que tu vas aller moins bien. C'est franchement agréable à entendre. Quand on te dit ça au téléphone, tu as juste envie de les étrangler. Je ne comprends pas qu'on fasse subir ça au malade. C'est une violence pas possible.

17

Les châteaux de sable

Début mai 2023, après trois mois de thérapie ciblée, c'est le couperet du scanner. Après l'examen, j'ai rendez-vous avec les oncologues pour savoir si ces trois mois d'efforts ont porté leurs fruits et si la thérapie ciblée fonctionne ou non. Comme toujours, la consultation commence par un bilan général. On parle de mon asthénie, une grande fatigue qui est très probablement liée à tout ce que j'ai vécu depuis le début : les douleurs, la chimio, l'hépatite, les autres complications. Et puis, au bout d'un moment, l'oncologue finit par me parler des images du scanner. Elle prononce le mot de « rassurant ». Comme ces rendez-vous s'accompagnent pour moi d'énormément de stress, j'ai du mal à interpréter ce mot. « Rassurant », ça veut tout et rien dire. Je suis parvenue à un stade où chaque mot est décortiqué, disséqué dans ma tête, et là je n'arrive pas à comprendre ce que veut dire « rassurant ». L'oncologue m'explique

que la tumeur principale, celle du foie, est stable, tout comme celles situées dans la hanche gauche. Quant aux tumeurs que j'ai dans les poumons et au niveau du ganglion du foie, elles sont « en diminution ». Diminution, c'est inespéré. Cela fait des mois qu'on vous dit qu'on peut espérer, au mieux, une stabilité et là, le médecin vous parle de diminution. C'est… c'est formidable en fait. Mais sur le coup, moi, je n'arrive pas à l'intégrer. Sincèrement, je n'y arrive pas. Pendant cette consultation, je pose une question qui me tient beaucoup à cœur : à nouveau, la question du pronostic. Parce que, entre le moment où on en a beaucoup parlé au tout début de la maladie et ce rendez-vous-là, j'ai fait mes recherches sur Internet, qui donnent des résultats absolument affolants d'une survie de 7 % ou 10 % à cinq ans quand on est opérable, et je ne suis même pas opérable. Avec de tels chiffres, on voit le cercueil approcher très vite. Et ce jour-là, je veux reparler de tout ça avec mon oncologue, lui mettre devant les yeux ces chiffres pour qu'elle réagisse. Mais sa réponse, c'est qu'il n'y a pas de réponse pour moi car la thérapie ciblée dont je bénéficie n'est vraiment utilisée que depuis deux ou trois ans. Or la plupart des essais cliniques nécessitent un recul de cinq ans. Pour mon cas, il n'y a pas de chiffres sur lesquels s'appuyer. La seule piste dont elle me parle, c'est celle de l'effet plateau. Pour certains patients, à partir du moment où l'on arrive à faire reculer la maladie avec ce traitement, leur situation se stabilise. Mais l'oncologue me précise tout de suite qu'elle est incapable de me dire qui sont les « bons » et les « mauvais » clients ; qui atteint ce plateau et qui n'y parvient pas. Elle insiste sur le fait que les nouvelles du jour sont « rassurantes ». Mais mon futur reste, je le sens, quand même très incertain.

Je ne réalise vraiment les choses qu'en sortant de ce rendez-vous, quand je croise mon autre oncologue. Je l'alpague dans le couloir et je lui annonce les résultats qu'on vient de me donner. Et c'est en voyant sa tête, sa mine réjouie, son sourire, que je me rends compte que les résultats sont réellement bons. Il ne cache pas sa joie : « Oh là là, madame Vergnaud, qu'est-ce que je suis content pour vous ! Au début de l'année, quand je vous voyais dans le fond de votre lit à l'hôpital, je me disais que ça allait être sacrément difficile. C'est vraiment formidable. Qu'est-ce que je suis content ! » Quand je vois son enthousiasme, je prends conscience des choses. Je lui dis que j'ai un peu de mal à réaliser ce qui se passe. « Mais attendez, vous vous rendez compte, ça fait un an que vous venez ici. Ça fait un an qu'on ne vous annonce que des mauvaises nouvelles. Et là, enfin, vous avez une bonne nouvelle. Évidemment, ça va vous prendre un peu de temps, c'est logique, mais c'est une bonne nouvelle. »

L'autre chose qui me marque ce jour-là, c'est ce que me dit ma maman, lorsqu'on reparle de cette consultation, une fois dehors, sur le parking de l'hôpital. Quand je lui demande ce qu'elle pense de l'avenir évoqué par l'oncologue, elle me dit cette phrase qui reste dans ma tête : « Je le vois comme la mort au bout du chemin, mais elle s'est un peu éloignée quand même. »

J'ai l'impression que l'épée de Damoclès a remonté de quelques centimètres. Il y a un poids en moins sur mes épaules. Je marche plus redressée, plus légère. Nous avons enfin un traitement qui fonctionne. Il n'est pas seulement « satisfaisant », il fonctionne pour de bon. Je vais aussi pouvoir garder ce confort de vie parce que, mine de rien, c'était mon énorme inquiétude en allant à ce rendez-vous : qu'on me retire cette qualité de vie retrouvée pour me remettre de la chimio. Je vais pouvoir garder ce quotidien et reprendre le travail. A *priori*, je peux ôter le masque parce que je ne suis pas immunodéprimée donc je ne risque rien de plus qu'un autre. Il faut toujours que je fasse attention au soleil parce que je suis peut-être un peu plus sensible que la moyenne, mais c'est à moi de trouver mon propre équilibre. J'ai l'impression qu'on enlève des couches de contraintes, une à une, et le carcan, l'espèce de cage dans laquelle ma poitrine était enserrée depuis un an, se desserre un peu. C'est vraiment ce sentiment. Je respire à pleins poumons. Ça fait un bien fou.

J'ai envie de retrouver l'insouciance de la trentaine. J'ai envie de voyager plus facilement, de sortir peut-être un peu plus tard le soir. Tout en ménageant ma fatigue parce qu'il faut être réaliste, je ne suis pas comme tous les gens de mon âge, mais j'ai envie de faire la fête, de profiter, de savourer chaque instant de cette vie. Profiter de cette deuxième chance qui m'est offerte. C'est assez fou, c'est beau. Oui, j'ai le sentiment d'avoir une deuxième chance dans la vie. Finalement, c'est toujours la même vie mais j'ai vraiment l'impression d'avoir le droit à une deuxième chance. Pendant toute cette année où j'ai été malade, j'étais incapable de faire ce que je voulais. Maintenant que j'en suis capable, je ne veux pas laisser passer une seule occasion. Dire ce que je veux quand je le veux. Faire ce que je veux quand je le veux.

Vivre et savourer des moments avec mes proches comme je l'ai fait avec mes deux nièces et ma sœur, il n'y a pas si longtemps, en bord de mer. C'était juste génial de faire des châteaux de sable. C'est con, à trente ans on n'a pas forcément envie de faire des châteaux de sable, mais j'ai adoré ça avec mes nièces. J'ai déjà plein d'idées de projets professionnels. Je ne veux plus laisser passer une seule seconde ni surtout – je vais essayer de trouver le langage le plus correct pour le dire – m'embêter avec tous les carcans d'avant. Certains disent que l'important, ce n'est pas la finalité, mais le chemin parcouru. Je crois que cette première année de maladie m'aura appris ça. Ce qui compte, ce n'est pas tellement le but parce que malheureusement, dans mon cas, le but ou plutôt la fin est connue. Il n'y a pas trop de mystère là-dessus, mais il y a tout ce qui va y mener et je n'ai pas envie de gâcher les moments qui vont y conduire. Aucun d'entre eux.

18

Une boule de flipper

Et si finalement avoir un cancer métastatique se résumait à jouer au flipper ? Paf, la bille est lancée. Désormais l'enjeu est de ne pas la laisser se faire avaler par la machine. Se succèdent alors des phases contradictoires : on réussit à la faire monter d'un geste, tout là-haut, à marquer des points, le flipper émet de la musique, on se prend à rêver que la boule ne redescendra jamais. Et puis la loi de la gravité s'impose, la boule amorce sa chute inexorable, on a désormais les bras et le corps entier tendus au-dessus de la machine en tentant de calculer son coup pour qu'elle ne plonge pas dans les abîmes du flipper. Sauvetage aléatoire. Et recommencer sans cesse, jusqu'à ce quc la machine gagne définitivement.

Depuis ma chambre d'hôpital, en cette mi-septembre 2023, je ressens plus que jamais la chute vertigineuse de la boule de flipper. À quel moment ai-je oublié cette mécanique implacable ?

Impossible à dire. Rétrospectivement, je peste intérieurement contre moi-même. J'aurais dû être plus lucide, plus prudente quant au répit offert par cette thérapie ciblée. Ne pas me croire tirée d'affaire, rester sur mes gardes. Je fais ce constat amer : j'ai manqué de clairvoyance. Quelque part, je me suis sentie à l'abri. « Tu as un an devant toi », voilà ce que je me disais. C'était sans compter avec l'éternelle lessiveuse, qui s'est remise en marche dès la fin mai : de violentes douleurs au ventre et des problèmes digestifs. Il faudra trois mois pour comprendre qu'il s'agit d'une atteinte du côlon provoquée par la thérapie ciblée, qui elle-même paraît ne plus faire pleinement effet au dernier scanner, avec trois nodules supplémentaires.

Coup de massue. Je vois la boule redescendre à une vitesse folle sans pouvoir rien y faire. En l'espace de deux semaines, mes espoirs sont douchés. Je passe de l'inquiétude à l'angoisse : va-t-on réussir à relancer cette foutue boule de flipper ? Je reste dans l'incertitude pendant plusieurs jours. Des pistes sont esquissées, abandonnées, rien ne tient, rien ne se matérialise. Jusqu'à ce mardi, jour de « visite », quand une dizaine de professionnels de santé sont censés défiler dans ma chambre. Ce jour-là, ils ne sont que quatre. Et quand ils poussent la porte, j'ai déjà compris. Le couperet tombe : il faut reprendre la chimiothérapie. Ils parlent très doucement, regardent un peu leurs chaussures, ont presque la tête basse. Je sens qu'eux aussi accusent le coup. Mais ils relancent la boule de flipper malgré tout.

Sur le moment, je reste calme et stoïque. Je m'y attendais, après avoir repéré des indices ici et là. N'empêche que le choc est immense. Une fois la porte fermée, je fonds en larmes. « Tout ça pour ça. » J'ai le sentiment d'être revenue à la case départ, après avoir fourni de gros efforts pendant plus d'un an. Le sentiment que mon corps s'acharne à rejeter, une à une, toutes les mains tendues par la médecine. Surtout, le sentiment que c'est le début de la fin. Le calcul est simple : *exit* l'immunothérapie, *exit* la thérapie ciblée, ne reste que la chimiothérapie, qui n'a jamais apporté de brillants résultats – doux euphémisme – sur le cholangiocarcinome. Malgré les encouragements de mon compagnon, qui essaie de me remettre debout avant cette nouvelle bataille, je n'arrive plus à y croire. Une part de moi s'en veut d'avoir trop investi la thérapie ciblée, d'avoir rêvé trop fort pour finalement prendre une claque monumentale. Je n'attends rien de cette chimiothérapie, si ce n'est ses effets secondaires que je ne connais que trop bien et qui me terrifient d'avance. « Y croire pour quoi ? » pense une partie de moi. Je me coupe des autres, ressens le besoin pressant de me renfermer.

Plus globalement, je sens mon corps et ma tête épuisés par plus d'un an de bataille. Car au-delà des deux traitements mis en place, ma réalité en quinze mois de cancer aura aussi été faite de complications à répétition – une inflammation du pancréas, deux infections de la vésicule biliaire, une infection de la bile parce qu'elle ne s'écoulait plus, trois poses de prothèse dans les voies biliaires, deux retraits de prothèse, au moins six anesthésies générales et douze hospitalisations. Ce yoyo permanent, ce mouvement de la boule de flipper qui n'en finit plus de tomber pour être relancée, qui cogne d'un bumper à l'autre, me laisse exsangue. Depuis quinze mois, à chaque complication, je me dis qu'une fois que ce sera géré je pourrai reprendre un rythme plus normal. Mais la normalité n'a plus cours dans le monde du crabe. Et j'ai l'impression d'avoir vidé mon réservoir d'élan de vie. L'impression qu'il y aura toujours une nouvelle complication pour m'empêcher de tenter de reconstruire un quotidien dans la maladie. L'impression que la maladie me vole tout, même les moments dorés que j'essaie de me ménager et qui ne sont pas démesurés. Le chiffre qui me blesse le plus en ce mois de septembre et qui en dit long sur ma qualité de vie actuelle, c'est que trois semaines après avoir emménagé avec mon compagnon, j'ai passé en tout et pour tout quatre jours dans notre appartement. Quatre. Besoin d'isolement. Je réalise quelques jours plus tard que la première séance de cette nouvelle chimiothérapie est programmée le 18 septembre, le jour où je devais retourner travailler. Quand vous entrez à l'hôpital et que vous vous dites : « Aujourd'hui, je devrais en fait pousser la porte de la Maison de la Radio », c'est affreux, vraiment !

19

Le cœur en chamade

C'est l'histoire d'un emballement. Celui de mon cœur. Et d'une date qui restera gravée sur ce muscle cardiaque : 24 septembre 2023. Celle où mon cœur a basculé sur un fil très mince, qui sépare les vivants des morts. Pendant plusieurs jours, il jouera au funambule : « C'est oui ou bien c'est non ? » comme le chante Angèle. Et ça a bien failli être non. Mais rembobinons.

Je suis donc à l'hôpital pour la première cure de ma nouvelle chimio. J'ai décidé de la faire en hospitalisation complète et non en hôpital de jour, car il peut y avoir des allergies au premier produit. Connaissant ma propension à développer toutes les complications possibles, je n'ai pas voulu prendre de risques. On démarre le vendredi après-midi par ce fameux produit. Tout se déroule à la perfection. En fin de journée, on me branche au second produit, stocké dans une sorte de « biberon ». Celui-ci est relié à ma chambre implantable et, pendant quarante-six heures, il va se diffuser tranquillement dans mon organisme. J'ai plutôt confiance : une amie qui a déjà fait cette chimiothérapie m'a dit qu'elle l'avait assez bien tolérée, en tout cas mieux que celle que j'ai eue au départ et qu'elle teste actuellement. Le samedi se déroule de la même façon. Je savoure le fait que la première cure se passe plutôt bien, c'est déjà ça de pris.

Mais le dimanche, tout bascule. Je me réveille avec des sueurs froides : impossible de garder le drap sur moi, j'ai trop chaud ; quand je l'enlève, je suis glacée et mon corps trempé par les sueurs. Je suis complètement KO : je passe la journée à dormir, incapable de lutter contre le sommeil. Je ne mange pas. Chaque lever est une épreuve, j'attends le dernier moment pour me traîner jusqu'aux toilettes. Quand mon conjoint arrive en fin de journée, je suis dans un état déplorable. Faible, je tiens à peine sur mes deux jambes. Il est obligé de me soutenir pour m'emmener aux W-C, sinon je tombe. Le « repas » (car dans cet hôpital de l'AP-HP il faut clairement y mettre les guillemets) arrive et c'est là que tout part en vrille : quand je relève la tête de lit pour tenter de manger, je sens mon cœur s'emballer complètement. Il bat trop vite, cogne dans ma poitrine à s'en décrocher. Je n'arrive plus à respirer. J'ai l'impression que quelqu'un est assis sur mon thorax. Je sonne.

On me prend les constantes : pouls à plus de 120, je sais d'emblée que quelque chose ne va pas. Mais alors VRAIMENT PAS. L'infirmière veut me rassurer : « À 18 h, vous aviez déjà 100 ! » Justement. Quelque chose est en train de partir en live. Je répète que je n'arrive pas à respirer. « Votre saturation est bonne. » Peu importe, je n'arrive pas à respirer. On appelle le médecin de garde. Et c'est là que mon cauchemar commence. « Il s'agit sûrement de spasmes coronariens. Ça peut arriver avec ce produit. C'est transitoire. » TRANSITOIRE. J'entendrai ce p*tain de mot toute la soirée. Il demande à faire un électrocardiogramme (ECG). Puis deux. Et consulte le cardiologue de garde dans l'hôpital voisin, car le mien ne dispose pas de ce type de service, je l'apprendrai un peu après par l'infirmier : il dit de replacer les patchs. Ils voient donc un problème mais ne le traitent pas. Troisième ECG. Probablement pas meilleur que les premiers. On me pulvérise un produit sur la langue et on me colle un patch sur le bras. Tout en me répétant que c'est « transitoire », alors que ça fait plusieurs heures que je suis dans cet état et que je ne m'améliore pas d'un pouce. Avec mon conjoint qui reste pour la nuit, je tente de dormir. J'arrive à fermer les yeux quelques heures ; les symptômes sont toujours là. Je ne suis pas bien gaillarde : je me sens épuisée. On m'informe alors que je vais descendre dans le box de cardiologie, où une spécialiste réalise des examens en journée pour certains patients avant qu'ils ne voient leur médecin. Elle me fait une échographie, je suis amorphe. Au bout de quelques minutes, elle hausse le ton : « Mais pourquoi elle n'est pas en soins intensifs depuis hier soir ? Vous m'appelez le SAMU tout de suite ! Et vous me trouvez le premier lit possible. » Intérieurement, je ressens panique et soulagement : panique car cette fois la situation est grave, soulagement parce qu'on me croit enfin. On me remonte dans ma chambre où, quelques minutes plus tard, débarque le chef de service, l'interne référent, la psychologue et l'infirmière en charge de moi. Le chef de service me réexplique les choses : j'ai effectivement un problème au niveau du cœur et il y a plusieurs hypothèses. Mais normalement ça ne devrait pas être trop méchant. Il m'explique aussi que le SAMU va bientôt arriver pour me transférer à Henri-Mondor, à Créteil. Cette fois, je panique vraiment. J'ai peur d'y passer. Je pleure, il met sa main sur mon bras. « Ça va aller. Je sais que c'est effrayant mais ça va aller. » Il me propose de rester avec la psychologue en attendant le transfert. On discute un peu, les minutes s'écoulent. J'ai l'impression que chaque grain du sablier met un temps fou à s'écouler. Et en attendant, à l'intérieur de ma poitrine : toudoum, toudoum, toudoum. Litanie incessante. Le SAMU arrive et en quelques minutes, sirènes hurlantes et pied au plancher, me voilà à Créteil. Le trajet fait monter encore mon niveau d'inquiétude : vu la vitesse, la situation ne doit pas être si anodine. Arrivée dans le service et dans une chambre, le ballet qui s'installe autour de moi me confirme mon impression. Près de dix personnes s'activent, l'une posant les patchs qui permettent de suivre mes constantes en permanence, l'autre me faisant une prise de sang artériel, un troisième une prise de sang normale… Et l'interne arrive dans les cinq minutes pour une échographie cardiaque. Elle dit peu de choses, si ce n'est que mon cœur ne bat pas correctement et qu'il n'expulse pas bien le sang. Elle note aussi de l'eau autour du cœur. Son senior arrive et confirme ce qu'elle m'a dit. Conséquence : pose d'une voie centrale, une perfusion dans le cou, pour que les produits arrivent directement au niveau de mon cœur, premiers traitements et surtout une coronarographie pour vérifier l'état de mes coronaires.

La suite de la journée est rythmée par les examens et les bilans sanguins, les soins. Mon compagnon arrive rapidement, se tient à mes côtés, inquiet. En fin d'après-midi, il repart en me disant ceci : d'après sa discussion avec le médecin qui s'occupe de mon cas, je l'ai échappé belle. Cela me rassure un peu. Mais la nuit est à nouveau cauchemardesque : impossible de respirer. L'aide-soignante qui vient dans ma chambre se borne à ressasser : « Mais votre saturation est bonne ! » J'ai l'impression que l'histoire se répète. L'infirmière est novice, me charcute littéralement, je pleure d'épuisement et de ras-le-bol. Et je ne ferme pas l'œil de la nuit, entre les passages infirmiers incessants et le bruit du service. Le lendemain matin, l'interne revient faire une échographie, en compagnie de la cheffe de service. Une femme plutôt jeune, brune, qui respire l'intelligence et l'humanité. Après avoir examiné les images, elle s'assoit au bord de mon lit. « Votre cœur ne va pas mieux. Il va même moins bien. Non seulement il se contracte mal mais en plus il fait des extrasystoles, des sortes de ratés, lors de la moitié des battements. » Elle m'explique alors leurs deux hypothèses : soit je souffre d'un tako-tsubo, aussi appelé le syndrome du cœur brisé, qui produit ces effets lors d'un stress physique ou psychologique, et je devrais alors *a priori* remonter la pente mais sans certitude pleine et entière car on ne sait pas si j'ai connu le pic maximal ou s'il reste à venir ; soit il s'agit d'une toxicité cardiaque liée au produit de chimiothérapie, et dans ce cas-là je vais continuer à me dégrader jusqu'à mourir. Elle poursuit : « Vous avez déjà établi des directives anticipées, défini ce que vous vouliez ou non ? » Je suis sonnée. La mort, j'y pense évidemment depuis plusieurs mois. Mais comme une perspective que j'aurai le temps d'interroger, pour savoir comment je veux organiser les choses. Là, je prends le mur en pleine face. C'est brutal. Je pleure et suffoque. « Je pensais avoir plus de temps », finis-je par souffler. Elle m'informe qu'une réanimatrice va bientôt passer dans ma chambre pour en parler avec moi, car l'une des hypothèses est potentiellement de me transférer en réanimation si les choses continuent de se dégrader. Quand elle sort de la chambre, je m'effondre. Oui, je dois bientôt mourir, mais pourquoi maintenant ? Pourquoi si brutalement, alors que je n'ai pas eu le temps de finir certains projets et de mettre mes affaires en ordre ? Pourquoi le sort s'acharne-t-il ? Un infirmier entre pour un soin. Il s'appelle Mathieu. J'avais été surprise la veille par son attention constante à mon confort. « Si je peux vous donner un conseil, c'est de profiter. Profitez de votre vie. Ne laissez rien filer. On croit toujours qu'on a le temps mais en fait pas du tout. Vivez chaque instant », me dit-il. Le pauvre en pleure. Il me confie que mon histoire le touche car nous avons à peu près le même âge. Nous partageons un peu sur son propre vécu, sur le sens de son travail qu'il perd parfois de vue mais retrouve dans ces moments d'humanité. Sur la carapace que tentent de se forger les soignants pour ne pas trop s'impliquer émotionnellement, mais qui s'effrite parfois. Quand il repart, je sais que ce moment suspendu restera gravé dans ma tête à tout jamais.

Arrive alors la réanimatrice. Sûrement le moment le plus violent de cet épisode. Elle a de jolis yeux bleus derrière son masque. Et m'explique calmement ce qui se passerait s'ils m'envoyaient en réanimation : de gros tuyaux enfoncés de chaque côté de l'aine pour faire circuler mon sang dans une machine afin de laisser mon cœur au repos, le tout éveillée car ils auront besoin d'échanger avec moi, en position allongée constante et évidemment aucune possibilité de sortir du lit. Combien de temps ? Impossible à dire. Pour quel résultat ? *Idem*. Je suis là encore sonnée. Elle me demande, elle aussi, si j'ai des souhaits ou des directives. Je lui fais la même réponse qu'à la cardiologue. Elle m'interroge pour savoir si je serais d'accord pour aller en réanimation. Je suis incapable de répondre. Je lui dis qu'il y a trop d'inconnues dans l'équation. Si j'avais la certitude que ça me sortirait d'affaire rapidement, oui. Seulement, en l'occurrence, je peux tout aussi bien finir par mourir quand même après avoir encore beaucoup souffert, et Dieu sait que j'ai déjà tellement souffert. Ou bien m'en sortir mais après si longtemps que le cancer sera devenu ingérable. Au fond de moi, je ne me sens pas la force de refuser cette option. La perspective de la réanimation m'effraie, je suis tellement fatiguée, et en même temps je ne voudrais pas passer à côté d'une réelle chance de survie. Elle comprend mon déchirement intérieur et me dit : « J'ai l'impression que vous avez besoin qu'on décide pour vous. » J'acquiesce. Elle m'explique que toute l'équipe de cardiologie et de réanimation va se réunir et prendre une décision, dont nous pourrons bien sûr discuter. Alors que je pleure, elle s'excuse. Je lui réponds qu'elle n'a pas à s'excuser, que c'est son métier. « Oh non, vous savez, mon métier ce n'est pas que ça ! »

Dans l'après-midi, la cardiologue et elle viennent m'annoncer avec délicatesse que si je me dégrade, je n'irai pas en réanimation. La discussion a été prise conjointement avec l'équipe de Paul-Brousse et expliquée à mon conjoint et à ma mère, qui est arrivée à Paris une heure plus tôt. Au moment où mon compagnon et ma mère reviennent dans ma chambre, je vois dans les yeux de Grégoire, c'est son prénom, qu'il est perdu. Il ne sait plus où il est. Il est face à cette tragédie et se sent impuissant. Il s'approche de moi et me demande : « Mais qu'est-ce que je peux faire pour que ton cœur reparte ? Dis-moi ce que je peux faire ? » Et la seule réponse qui me vient à ce moment-là – c'est un peu comique mais c'est comme ça – je lui dis : « Épouse-moi. » Alors il dit oui.

Finalement, mon cœur est reparti. Je ne sais pas si c'est grâce à cette déclaration, mais je veux bien y croire parce que je trouve la symbolique très belle. En tout cas, de manière toujours un peu inexpliquée et à grand renfort de médicaments, mon cœur a fini par remonter la pente et j'ai pu me marier quelques jours plus tard.

20

Nous nous sommes aimés

Il est possible de se marier à l'hôpital, mais dans des cas très précis, quand il y a une menace pour la vie. Quelques jours plus tard, me voilà donc dans ma chambre d'où les meubles, y compris le lit, ont été retirés. Il y a des ballons dorés accrochés au mur. Je suis assise dans un fauteuil roulant. Je porte une robe de mariée que mes sœurs ont réussi à dénicher dans un magasin de déstockage avec une couturière qui a fait les retouches en prenant pour modèle l'une d'entre elles, qui a à peu près les mêmes mensurations que moi. J'ai des boucles d'oreilles dorées et, à la main, je tiens un bouquet de fleurs blanches. Grégoire est debout à mes côtés. Il porte un costume bleu sans cravate. Dans la chambre ont pris place une douzaine de personnes : mes parents, mes sœurs, mes amis. Face à moi l'officier d'état civil, venue exprès de la mairie de la commune et arborant son écharpe tricolore, commence à lire les passages du Code civil qui sont lus lors de tout mariage. « Les époux se doivent mutuellement respect, fidélité, secours, assistance. » Elle ajoute en levant les yeux de son texte pour nous regarder : « Je n'en doute pas », puis elle lit les mots attendus par tous : « Au nom de la loi, nous vous déclarons unis par le mariage. » Tout le monde applaudit. Quelqu'un crie : « Vive les mariés ! » Grégoire et moi, nous nous embrassons.

Je prends ensuite un papier où j'ai noté un petit discours adressé à celui qui est donc désormais mon mari. « Il y a une semaine, on m'annonçait que mon cœur était dans une souffrance et une détresse sévères. L'idée de te perdre m'a littéralement fait suffoquer parce que tu représentes tellement à mes yeux. Je me sens extrêmement chanceuse d'avoir croisé ton chemin et qu'on partage le même depuis quasiment trois ans, jour pour jour. Je ne pouvais pas rêver mieux. Je sais que l'avenir est précaire, incertain, que malheureusement il n'y aura pas pour nous de *happy end* comme dans les contes de fées. Alors je voulais te lire ce passage de la chanson *Tu es mon autre* de Lara Fabian : "Et si l'un de nous deux tombe/ L'arbre de nos vies/ Nous gardera loin de l'ombre/ Entre ciel et fruit/ Mais jamais trop loin de l'autre/ Nous serions maudits/ Tu seras ma dernière seconde." Je t'aime. »

Grégoire prend lui aussi la parole : « Quand nous sommes revenus de l'hôpital Paul-Brousse, on ne savait pas du tout quel était le chemin dans lequel on s'engageait. On savait juste qu'on n'allait pas laisser faire n'importe quelle maladie comme ça ! Et que quand un adversaire se présenterait, il nous trouverait debout sur son chemin et qu'on se battrait jusqu'à la dernière cartouche. » Nouveaux applaudissements. Tous les soignants du service me font une haie d'honneur quand je quitte la chambre, toujours assise dans mon fauteuil avec ma robe blanche de mariée.

Je tenais à me marier parce que c'est le régime juridique le plus protecteur pour celui qui reste, notamment pour ce qui est de la rente de réversion. Le PACS, par exemple, n'offre pas cet avantage. Quand je l'ai su, je me suis dit qu'il n'y avait pas de raison qu'il n'y ait pas quelque chose tous les mois qui aide Grégoire à continuer de vivre dans l'appartement qu'on a choisi tous les deux. Plus symboliquement, je voulais que ce qui a fait notre couple ne s'efface pas à ma mort. Sinon, aux yeux de l'administration, nous n'étions rien. Avec un PACS, symboliquement, vous êtes un peu quelque chose, mais le mariage, c'est un vrai symbole. Cela veut dire : Clémentine et Grégoire se sont aimés. C'est important pour moi.

Mon mari a vraiment toujours été là. Quand cela nous est tombé dessus, il aurait pu, comme certains le font, me dire : « Je t'aime bien, mais je ne me vois pas traverser cette bataille, je m'en vais. » Il aurait pu s'engager puis renoncer mais non, il est avec moi jusqu'au bout et ça, c'est énorme pour moi. Je trouve que c'est le plus beau des cadeaux qu'on puisse faire. Dès le début, il a fait des recherches sur la maladie, il a posé des questions aux médecins et il venait à tous les rendez-vous. Il est toujours là quand j'ai besoin d'exprimer mes émotions, quand j'ai besoin de dire ce qui ne va pas. Pour moi, le rôle d'un compagnon, c'est le rôle qu'il tient. Ni plus, ni moins. Il n'y a pas besoin d'en faire trop non plus. Il ne dort pas à l'hôpital quand il n'y a pas nécessité de le faire. Il sait se préserver des plages pour se reposer un peu. Il n'y a pas longtemps, il est allé prendre l'air quelques jours. Je pense que ça lui a fait le plus grand bien. Il connaît à la fois ses forces et ses limites. Il connaît ça très bien et il me connaît très bien.

Je pense qu'on ne sait pas tout de suite être un bon aidant. Il faut dire que c'est très difficile. Vous êtes face à quelqu'un qui est souvent dans une grande souffrance physique et morale. Je me souviens notamment d'une période où j'avais enchaîné les hospitalisations. Je ne m'en sortais plus et à cette époque-là, la réaction de Grégoire n'était pas celle que j'attendais. Je lui ai dit : « Arrête de faire le coach positif, ce n'est pas possible, en fait ! C'est trop, stop ! Tu m'étouffes avec ta positivité, tu m'étouffes à vouloir me relancer tout le temps ! Non, il y a des moments où j'ai le droit de baisser les bras. » Il ne s'en rendait pas compte. Lui essayait simplement de m'entraîner vers l'avant, mais j'avais besoin qu'on me laisse stagner un petit peu. Nous nous engueulons, du coup, parfois. Ce n'est pas toujours facile, surtout quand, encore une fois, nous ne sommes pas sur le même plan. Parce que lui, à ce moment-là, voulait vraiment me pousser le plus possible pour que j'y croie de nouveau, pour que je me remette dans une dynamique plus positive. Alors que tout ce dont j'avais besoin, c'était qu'on parle de ma mort, de comment ça allait se passer. Et il ne voulait pas s'y confronter. C'était trop tôt pour lui. De la même manière qu'il n'était pas sur ma longueur d'onde, je n'étais pas sur la sienne non plus. Et ça, ça a été un moment très dur dans notre couple.

On m'a demandé si on pouvait encore avoir vraiment une vie de couple avec cette maladie. Tout dépend de ce qu'on attend de la vie de couple, je pense. Mais forcément, cela modifie profondément les choses. Je pense que nous n'aurions pas construit du tout le même couple s'il n'y avait pas eu cette maladie. D'un certain point de vue, cela nous a facilité la tâche pour surmonter certains blocages. Face à la maladie, face à une certaine urgence, tu ne te poses plus tellement de questions. Mais de l'autre côté, il y a forcément des choses qui compliquent énormément la vie de couple. Grégoire n'est plus complètement mon compagnon, puis mon mari, il a très vite été mon aidant et c'est quelque chose de très particulier à construire dans un couple.

Je ne vais pas le cacher. J'ai eu beaucoup de mal à avoir des relations intimes et de tendresse quand je suis tombée malade. Quand l'autre ne sait pas vraiment comment vous toucher sans vous faire mal, c'est très compliqué de le laisser accéder à soi. Et j'en parle très personnellement parce que je sais que Grégoire n'a jamais eu de frein là-dessus et a toujours été très ouvert et très compréhensif, mais moi j'ai toujours eu énormément de réserves à ce sujet. Quand votre conjoint vous voit vomir cinq fois dans la matinée après vous être levée, quelle envie de tendresse peut-il avoir ensuite ? Quelle envie de tendresse peut-il avoir quand il est parfois obligé de vous mettre en pyjama parce qu'après toute une journée vous n'avez plus l'énergie ? Certains soirs, il me portait au lit en me soutenant sous les épaules. Il m'aidait ensuite à trouver la bonne position pour m'endormir. Après ça, c'est dur de laisser l'autre accéder à son corps et à quelque chose de très intime. Je reconnais sincèrement que je n'ai pas réussi et que ça reste un échec, pour moi. Un échec personnel.

21

Compagnons des mauvais jours

Grâce au podcast diffusé au mois de juin 2023, j'ai rencontré des gens qui ont vraiment été pour moi des compagnons de route. Après la diffusion de mon témoignage, je ne m'attendais pas du tout à un tel accueil. J'ai reçu des centaines de messages d'autres malades du cancer. Je n'ai pas forcément « accroché » avec tout le monde, mais il y a eu des gens avec qui cela a été assez fondateur. Les récits pouvaient se recouper totalement ou être différents, mais s'ils étaient différents dans le processus de la maladie, ce qu'on ressentait et ce qu'on vivait étaient similaires. C'est quelque chose d'extrêmement riche.

Je ne peux pas tous les citer, mais il y a au moins deux personnes à qui je pense immédiatement. L'une est décédée il y a peu de temps. Elle s'appelait Marie. C'était une belle personne et j'aimerais qu'on ne l'oublie pas parce qu'elle était incroyable. Elle avait quelques années de plus que moi, vivait à Toulouse et avait un cancer du pancréas. Marie et moi avons été diagnostiquées presque en même temps et chaque fois qu'il se passait un truc de son côté, il se passait un truc du mien. Nous étions en miroir. Dès que j'avais une galère, comme une nouvelle hospitalisation, je lui écrivais et elle me disait : « Mais ce n'est pas possible, moi aussi il m'arrive ça. » Nous avons beaucoup échangé sur ces galères. Nous en rigolions. Parfois, nous faisions un concours de qui vomissait le plus dans la journée. C'est débile, mais c'étaient des trucs comme ça. Ne plus pouvoir faire ça, c'est… c'est terrible.

Un dimanche soir, elle m'a annoncé : « Écoute, Clémentine, cette fois, ils m'ont dit qu'ils ne pouvaient plus rien faire et que c'était fini. » Ce soir-là, en lisant ses mots, je suis abattue. Effondrée. Je décryptais bien dans ses nouvelles que la situation semblait se dégrader, mais je n'imaginais pas quelque chose de si rapide. L'injustice me frappe en plein visage. Marie a la trentaine, un mari et surtout deux enfants. Que vont-ils devenir sans leur maman ? Pourquoi la vie leur impose-t-elle cela ? Moi qui ai toujours un petit conseil, une phrase réconfortante, cette fois, je ne trouve pas les mots. Que dire à une amie qui va mourir ? Que répondre à quelqu'un qui vient de basculer dans l'indicible et probablement dans l'effroi le plus total, la peur la plus viscérale ? Je suis sonnée, choquée, dévastée. Je n'ose pas lui demander combien de temps les médecins lui donnent. Je n'ose pas lui proposer de lui rendre visite. Moi qui fustige souvent intérieurement les gens trop timorés, que le cancer effraie, me voilà à agir de la même façon. Évidemment, la tristesse que je ressens est aussi une forme d'inquiétude pour ma propre situation. Quand vais-je connaître cette bascule ? Combien de temps vais-je encore tenir ? Que ferai-je du temps restant quand le moment sera venu ? Est-ce que je continuerai ma vie normale ? Voir des amis, regarder une série le soir sur le canapé dans les bras de mon cher et tendre ? Ou est-ce que je vais littéralement « péter un boulon » et vouloir partir plusieurs semaines à l'autre bout du monde pour oublier ce qui se profile et profiter de mes derniers vrais rayons de soleil sur une île paradisiaque ? Quel sens donner à sa fin ? Comment avoir le sentiment qu'on ne gâche rien, qu'on aura profité de chaque minute, de chaque seconde ? Je me souviens très bien de ces questions qui m'assaillent. C'est une soirée simple. Un dimanche soir, une soupe au pistou devant la télévision. Un match de rugby. Et je sens qu'au fond de moi quelque chose s'est cassé.

La deuxième personne que j'ai rencontrée totalement par hasard, sur Twitter, c'est Gabriel. Il est rabbin. Nous n'avons rien de commun au départ. Nous n'avons pas du tout le même cancer, mais Gabriel, du fait de sa fonction, est quelqu'un d'extrêmement spirituel et nous nous sommes bien trouvés. Nous avons souvent échangé sur nos impressions de cancéreux vis-à-vis des autres. Ce moment où, au bout de six-huit mois, on dirait que les autres se lassent : « Tu n'es pas mort, alors ça va, quoi, finalement ! » Tous les besoins qui étaient très écoutés, très entendus avant, le deviennent beaucoup moins au fil du temps. On a le sentiment que les gens finissent par banaliser et se dire que ce n'est pas un cancer très grave, puisqu'on est encore là. Si on n'en est pas déjà mort, c'est que ça va aller, en fait ! Et je pense que mine de rien, c'est ce qui se passe dans la tête de beaucoup de gens qui n'osent pas le dire. Avec Gabriel, nous avons beaucoup parlé de toutes ces choses. Comment nous envisageons la fin ? Jusqu'où sommes-nous prêts à aller ? Je dois dire que nous sommes très connectés. Nous comprenons vite où veut en venir l'autre. Nous partageons aussi les moments de fatigue, de découragement – « je n'en peux plus, de toute façon à quoi ça sert ». Et puis, cela fait du bien de pouvoir dire ce qu'on ne peut pas dire à d'autres. Non seulement il n'y aura pas de jugement, mais on sait qu'on ne fera pas de mal en se disant ces choses. Il est parfois très difficile d'échanger avec les gens qui n'ont pas de cancer parce que ce que l'on dit est presque cruel pour les autres. C'est trop dur à entendre. Mais Gabriel et moi, nous avons cet espace où l'on peut tout se dire. Ça fait du bien. Ça libère.

Au moment de la mise en ligne du podcast, les réseaux sociaux m'ont aidée parce que je me suis sentie beaucoup moins seule. Il y a eu des centaines de messages, des centaines de milliers d'auditeurs et les gens étaient très positifs : des malades se félicitaient qu'on brise le tabou, des proches de malades étaient heureux de savoir ce qui pouvait se passer dans la tête des leurs. Beaucoup me disaient que mon témoignage était utile et c'était ce que je cherchais. Être utile. Des gens m'ont proposé de m'envoyer des livres ou du chocolat. Il y a un couple à côté d'Hyères, dans le Var, qui nous a même prêté une partie de leur maison qu'ils louent d'habitude. C'était inouï, cet élan de solidarité.

Aujourd'hui, c'est devenu plus compliqué de gérer tout cela, parce qu'on prend une place dans la vie des gens et ils vous le disent : « Je ne vous connais pas, mais, en fait, j'ai l'impression de vous connaître depuis toujours. » C'est très gentil et adorable, il y a cependant un moment où toutes ces sollicitations deviennent épuisantes. J'ai au moins cinquante à soixante-dix messages auxquels je n'ai pas répondu, ne serait-ce que sur Instagram. Je n'y arrive plus. Je suis dans une période où je ne le ferai plus parce que les gens attendent toujours plus de nouvelles. Des bonnes nouvelles. Et malheureusement, je n'en ai pas à donner.

22

Toujours un coup d'avance

Après le tako-tsubo, j'ai eu à peu près trois semaines de répit. J'étais très fatiguée, à cause du malaise cardiaque, mais, tant bien que mal, sur le front du cancer nous étions toujours présents. Et puis, au bout de trois semaines, j'ai refait un incident au niveau des prothèses qui sont posées dans mes voies biliaires. Ils ont voulu organiser une opération, je me suis mise à cracher du sang le matin de l'intervention et il a fallu décaler car les anesthésistes ne voulaient pas m'opérer dans ces conditions. Toute cette succession de complications m'a fait comprendre qu'on courait sans cesse derrière la maladie mais qu'elle avait toujours un coup d'avance.

C'est drôle, l'autre jour, je l'ai comparée à *La Casa de Papel*, cette série où un homme braque la fabrique de la monnaie en Espagne. Il a toujours un coup d'avance sur les flics et c'est pareil avec la maladie. Quoi que les médecins prévoient, elle a toujours un effet secondaire, une complication à leur opposer pour nous limiter. À un moment, le serpent n'arrêtait pas de se mordre la queue. Si l'on voulait faire une opération, il fallait d'abord en faire une autre mais on ne pouvait pas. J'ai fini par ressentir une énorme lassitude. Et j'ai compris. Moi, j'ai compris qu'on ne rattraperait plus la maladie. J'ai senti aussi le regard des soignants changer, sans vraiment qu'on me le dise, et je m'en suis ouverte à la psychologue qui me suit à l'hôpital. Je lui ai dit qu'il allait falloir obtenir ce discours de vérité avec les oncologues. Parce que moi, j'avais toujours refusé que ça me tombe dessus du jour au lendemain. « Bonjour madame Vergnaud, finalement, on ne peut plus rien. Au revoir madame Vergnaud. » C'était hors de question pour moi. Et cela a été très bien entendu.

Le mardi, il y a la grande visite universitaire, où, normalement, tous les internes, des externes, des infirmiers sont présents, mais ce jour-là, comme je l'ai écrit, ils ne sont venus qu'à quatre ou cinq. Je me suis dit : « Ça y est. Enfin, on va parler de tout ça pour de bon. » Mon oncologue m'a tenu le même discours que celui que j'avais en tête : oui, désormais, on courait derrière la maladie sans réel espoir de la rattraper. Pour éviter un nouveau choc cardiaque, on avait essayé de mettre en place une chimiothérapie avec un produit différent et on avait réussi à faire une séance mais il n'était pas sûr de pouvoir en faire une deuxième. Dans ces conditions, cela paraissait compliqué de continuer les traitements, aussi bien médicalement qu'éthiquement. Il a été très humain dans son discours et cela m'a énormément soulagée de l'entendre de sa bouche. Cela peut paraître paradoxal, mais quand vous en êtes là, vous avez tendance à culpabiliser. Vous vous dites intérieurement : « C'est moi qui suis en train de lâcher, c'est moi qui n'ai plus cette force et qui manque de courage, finalement. » On se dit : « Je lâche… Mais pourquoi je ne m'accroche pas, en fait ? » Et d'entendre de la voix des médecins que ce serait une erreur de s'accrocher à ce point-là, ça m'a fait énormément de bien. À partir de là, nous avons pu discuter des différentes options qui s'offraient à moi pour partir dans les meilleures conditions possibles. Celles qui me correspondaient le mieux. Avec le plus de dignité possible. Au moment du diagnostic, j'avais sans doute eu la meilleure annonce de cancer qu'on puisse avoir, mais j'ai eu aussi la plus délicate des discussions sur l'arrêt des traitements que l'on puisse avoir.

Il a donc été décidé de ne plus faire de traitement puisque, désormais, ça ne servirait à rien. La maladie allait trop vite. Trois options se sont offertes à moi : une hospitalisation à domicile, les soins palliatifs ou rester dans le service d'oncologie. Je ne voulais pas être hospitalisée chez moi parce que cela me faisait perdre mon lit dans cet établissement et, en cas de dégradation de la douleur, c'est très angoissant de ne pas avoir la garantie de pouvoir être hospitalisée à nouveau dans son service habituel. Je sais aussi que du côté de Grégoire c'était quelque chose de compliqué de se dire que je pouvais partir depuis l'appartement qu'on occupe, et de continuer à l'habiter après. Je le comprends tout à fait. Être hospitalisée à Paul-Brousse mais en unité de soins palliatifs – c'est-à-dire avec plus de médecins, plus d'infirmiers – ne me convenait pas non plus. L'équipe en soins palliatifs est plus complète et renforcée, mais je ne la connais pas. On m'a donc proposé et j'ai accepté de rester dans le service où je suis soignée. Depuis un an et demi que je le fréquente, je connais tous les médecins, toutes les infirmières par leur prénom. C'est une vraie famille. Ils me connaissent par cœur, ils m'entourent très bien. Ils sont très à l'écoute et très réactifs. Ils donnent le meilleur d'eux-mêmes pour que tout se passe le mieux possible.

Je serai donc hospitalisée jusqu'à ma mort dans cet hôpital, dans cette chambre. Pour combien de temps encore ? Impossible de le prévoir. Les médecins ne se prononcent pas sur la durée de survie, parce que ce sont des maladies qui ont des évolutions assez imprévisibles. On l'a bien vu dans mon cas, il y a eu des moments où c'était très positif pendant très longtemps et puis, d'un coup, on enchaînait les dégradations. C'est clairement impossible de prévoir. On m'a dit : ça peut être plusieurs semaines ou plusieurs mois. Je ne sais pas. Peut-être que dans trois jours, je vais me dégrader et ce sera fini. Peut-être que ça va prendre trois mois. C'est impossible à dire. C'est difficile à gérer, forcément, quand on est le malade, parce qu'on ne sait pas combien de temps il nous reste.

Globalement, au début, c'est vraiment le soulagement qui a dominé, parce que j'avais enfin le droit de dire stop. J'avais enfin le droit de lâcher. On n'était plus dans tous ces effets secondaires, toutes ces opérations à programmer. On n'était plus là-dedans. Ça faisait beaucoup de bien. Et puis après, vient le moment où tu l'annonces à des proches. J'ai une famille qui vit assez loin, globalement. Donc ça signifie revoir tes proches sans savoir si c'est la dernière fois que tu les vois. C'est extrêmement dur et désemparant parce que c'est souvent des très beaux moments d'émotion que l'on vit. Mais quand les gens repartent, je suis ruinée. Sur le plan émotionnel, je craque chaque fois, c'est terrible de ne pas savoir si tu vas les revoir. C'est terrible de dire au revoir comme ça à des gens que tu aimes.

Jusqu'à présent, la peur était à peu près loin de moi, mais il y a quelques jours, elle m'a étreinte de manière beaucoup plus forte. C'était la première fois que je la ressentais ainsi. Physiquement. Je sentais que cela comprimait ma cage thoracique. Je sentais la peur monter et elle ne redescendait pas. On peut avoir peur de plein de choses. Moi, sur le coup, c'était la peur de ce moment où, définitivement, je vais fermer les yeux et où, définitivement, je ne sais pas ce qui va se passer après.

23

Être prise par la main

Je n'ai jamais été croyante en tant que telle. Moi, ce qui m'aide énormément, c'est d'être entourée de mes proches. Je n'ai pas été baptisée à ma naissance, car ma maman voulait qu'on ait le choix, mes sœurs et moi. J'ai fait un peu de catéchisme dans l'enfance, comme tous ceux de ma classe, parce que je le voulais, par imitation. Mais cela ne s'est pas très bien passé avec les grenouilles de bénitier de l'endroit où j'étais. Elles ne voulaient pas que je chante à la messe de Noël parce que je n'étais pas baptisée ! Ça m'a un peu éloignée de Jésus. Je n'ai jamais eu vraiment de croyance parallèle – je ne sais pas si on le dit comme ça –, de religion, de foi. Je ne me suis jamais dit que si j'agissais bien, j'allais me retrouver au paradis. Je n'ai jamais pensé comme ça. Ce qui m'apaise, c'est principalement mon rapport aux autres et la présence des autres. La présence de ces incontournables autour de soi. C'est ce qui se construit en ce moment autour de moi. J'estime avoir beaucoup de chance d'être entourée de mes proches. J'ai mes parents, j'ai mon mari près de moi. Mes sœurs un peu moins, car elles vivent loin, les pauvres, mais j'ai au moins mes parents et mon mari qui se relaient tous les jours à mon chevet. Ils dorment avec moi, m'aident à faire ma toilette, à manger. Tout ce que pourrait faire le personnel en fait, mais ils le font avec moi. Et cela apporte autre chose à la fin de vie. La fin de vie est quelque chose de terrible par certains aspects, notamment au niveau de la dignité où c'est parfois très difficile. Mais on construit aussi des choses qu'on n'aurait jamais construites sans cela. Retrouver des petits bouts d'enfance par exemple, des petites anecdotes, des petites choses comme ça. Avec mes parents, mon mari, nous passons des moments tellement plus intenses, tellement plus vrais, que parfois… Je ne vais pas dire que c'est une chance d'être en fin de vie, je n'irai pas jusque-là ! Mais je suis reconnaissante de pouvoir avoir cette fin de vie-là.

Jusqu'ici, j'ai parlé de la peur de la mort par vagues. Je me souviens très bien du début de l'année 2023, par exemple, où les complications, les catastrophes s'enchaînaient. Pendant cette période, j'ai eu l'occasion de lire certains témoignages de fin de vie qui étaient très durs. Je me suis dit que je n'étais pas du tout prête pour ça. Je me suis dit qu'il fallait que je fasse quelque chose, car je trouvais angoissant de penser que je pouvais partir dans des conditions aussi déplorables. À ce moment-là, j'avais très peur, oui. Pas tellement peur de mourir, mais peur de mal mourir.

Aujourd'hui, j'ai davantage peur de mourir « pour de vrai ». Je m'en ouvre beaucoup à ma psychologue, qui est quelqu'un de formidable et qui m'aide toujours à trouver les clés pour savoir à quoi correspond vraiment cette peur, ce qu'on peut y trouver ou non. Elle m'aiguille et me soutient énormément. Quand ça ne va pas, il m'arrive aussi d'en parler avec mes proches. L'autre soir, alors que j'étais censée me reposer, juste récupérer sur mon lit, j'ai senti l'angoisse monter. Mon papa était assis sur sa chaise en face de moi. Il attendait que je me repose. J'ai su alors lui dire : « Papa, j'ai peur. » Il n'a rien fait d'incroyable. Il est juste venu près de moi, a pris ma main et m'a répondu : « Moi aussi j'ai peur. » Ce n'était pas grand-chose. Sa main, ma main dans la sienne. Simplement savoir qu'il était là, qu'il entendait, qu'il comprenait que je puisse avoir peur, sentir qu'il partageait cette angoisse. C'est peu de chose, mais il y a des fois où c'est salvateur de se libérer de cette émotion, simplement en la formulant. Rien que ça. Dire. Parler. Et savoir que les autres sont à côté. Qu'ils comprennent ou non, ça n'a pas d'importance. Ce qui est important est de pouvoir lire dans leur regard, dans leurs gestes qu'ils seront là quoi qu'il arrive. Cela me fait énormément de bien.

Mon papa a peur de sa propre mort, je pense. Il a extrêmement peur de la mienne, mais je sais que le moment venu – en tout cas, c'est un de mes souhaits –, il aura ma main dans la sienne. Tout comme ma mère, tout comme mon mari et, je l'espère, mes deux sœurs. Ils seront là. Juste ça, ils seront là. C'est de l'accompagnement. Je ne recherche pas de recette miracle mais juste à ne pas être seule au moment où je vais fermer les yeux. Être accompagnée du début à la fin. Être prise par la main, plus que soutenue par les épaules. Prise par la main.

Conclusion

La maladie m'a forcément changée. Je ne suis plus la même personne. Je dirais que je suis à la fois plus enjouée, plus reconnaissante des petits moments « dorés » dont je parlais et qu'on peut parfois laisser filer quand on n'est pas malade. Je pense que j'ai savouré beaucoup plus de choses depuis un an et demi que je n'ai pu en savourer avant. En même temps, il y a toujours eu cette espèce d'ombre qui planait au-dessus de moi et qui m'a enlevé toute mon insouciance. C'est souvent ce que j'ai dit au début. Tout ça m'a enlevé mon insouciance. Parce qu'à trente piges, on est censé partir en week-end au hasard, en vacances, mais moi, je devais tout penser à travers le prisme de la maladie. Malgré tout, cela m'a rendu tous les petits bonheurs beaucoup plus accessibles et, peut-être, beaucoup plus visibles.

Je pense aussi que la maladie m'a rendu une part de joie de vivre, car nous avons quand même beaucoup rigolé dans toutes ces épreuves. Et puis cela m'a apporté l'envie de donner aux autres, notamment à travers mon témoignage. Je m'en suis rendu compte par les répercussions qu'il a eues : je pouvais donner énormément aux gens en ayant l'impression d'en faire peu, finalement. Là, j'ai un petit regret : ça aurait peut-être pu venir plus tôt. Mais cette envie de donner a été décuplée. Si j'ai pu aider au moins une personne avec ce témoignage, j'en suis mille fois heureuse. Lorsqu'on est malade, on subit beaucoup, mais le fait de témoigner m'a donné une prise sur tout ce qui m'arrivait. J'avais de nouveau la possibilité de faire, d'agir, d'être là pour les autres. C'était vraiment, je crois, l'expérience à faire dans cette maladie. L'expérience d'une vie.

J'IRAI JUSQU'AU BOUT DE MES RÊVES...

Postface de Grégoire Lecalot

« Première nuit de noces. Mais première nuit de deuil ? » écrit Roland Barthes dans le journal qu'il a tenu après la mort de sa mère. Si proches ont été les deux événements pour Clémentine. Deux mois et demi. Deux mois et demi pour nouer les fils de sa vie, pour profiter des accomplissements qu'elle désirait. Deux mois et demi pour – du haut de ses trente et un ans – prendre l'élan existentiel qui passe aujourd'hui par la publication de ce texte. La mort n'a pas réussi à figer l'avenir de Clémentine. Mais il a lieu sans elle.

Le lecteur, l'auditeur, la laisse sur un adieu en forme de remerciement. Sur cette voix fatiguée, qui s'essouffle et s'effiloche en fils soyeux. Elle va mourir ; elle le sait : c'est prévu, accepté, officialisé. Pour cette grande planificatrice, il est important que la mort ne débarque pas à l'improviste, comme elle a tenté de le faire au mois de septembre lors de son accident cardiaque. Car elle était là, appuyée contre le mur jaune de la chambre de l'unité des soins intensifs cardiaques de l'hôpital Henri-Mondor de Créteil. Elle a tout écouté, tout entendu. Le filet de cette voix forte, qui chuchotait une demande en mariage et donnait, dans le même temps, des instructions pour son enterrement. Immense cœur affaibli, mais volonté intacte.

Les pieds mouillés par les larmes tombées de cette conversation au bord du lit, la mort a changé d'avis. Et, se glissant par la porte entrouverte comme un chat des rues, elle a laissé le champ libre à la résurrection. Sans doute savait-elle qu'elle reviendrait.

28 novembre. Nous sommes à l'hôpital depuis plusieurs semaines déjà. Depuis les « scènes de Lyon » : le nom que j'ai donné à ce retour de vacances dans le Var, qui s'est terminé aux urgences après un débat entre nous sur une aire d'autoroute. Elle ne voulait pas, trop de mauvais souvenirs. Il a fallu. Trois nuits de plus en « absurdie », comme elle appelait sa vie depuis l'effraction du cancer. Son rapatriement sur Paris lui aura valu un douloureux baptême d'hélicoptère par une météo généreuse en trous d'air.

Au fil des jours à l'hôpital Paul-Brousse, dans une chambre, puis dans une autre, les opérations prévues pour tenter de la remettre en orbite de traitements échouent. Un matin elle crache du sang. Puis c'est la jaunisse qui s'installe. Le cancer, visiblement fin lecteur de Sun Tzu, jette des leurres et crée des diversions pour nous empêcher de le cibler directement. Il faut s'épuiser en combats périphériques, contre des effets secondaires qui nous font obstacle. Le 28 novembre, c'est – c'était… – le jour de mon anniversaire. Je lui ai retiré ces galons.

Les souvenirs de cette journée ressemblent à un tapis troué qui bat dans le vent. L'image du professeur Hammel dans la chambre, à côté du lit. Clémentine… Que dit-elle ? Je ne sais plus exactement. Ils tombent d'accord : la maladie a pris trop d'avance, on ne peut plus la rattraper. Épuisée, elle peut « lâcher la rampe ». Se battre pour éviter la mort est devenu inutile. Pleure-t-elle ? Après, peut-être… Soulagée. Elle se dit soulagée. Je suis assis au bout du lit, sur une chaise, légèrement sur sa droite. Ce mot-là, ce gaz toxique, je le vois sinuer vers moi. Il fait son chemin et, comme un moucheur de chandelles, il coupe la lumière de mon inconscient. Il le glace, masque les fenêtres et fait en passant chuter de lourdes portes coupe-feu.

Elle demande combien de temps il lui reste à vivre : quelques semaines à quelques mois… Ces mots sont pour moi comme un objet lisse, une suite de mots français connus, mais un ensemble impénétrable.

Du 28 novembre au 23 décembre – et après – je n'ai plus pleinement accès à mes émotions. Je suis là pour elle ; je suis sa vie d'adulte prise dans les phares du cancer qui s'approche avec une lenteur étudiée. Je me sens comme l'épave d'un véhicule aimé, mais garé sur le bas-côté, réservoir vide.

Avec ses parents, nous nous relayons les nuits. Le soir, bercé par le bourdonnement des pompes de médicaments, il faut la masser. Sous mes mains, je sens chaque fois plus de boules sous sa peau. Dans son dos, sur ses bras : les métastases. Je les hais. Mais je ne le dis pas. Pas d'émotions et surtout pas de fortes. Nous sommes entrés dans une succession de capsules d'instants, qui se suivent avec régularité, si possible toujours dans le même ordre, aux mêmes heures. Cette routine plus ou moins paisible en fonction des douleurs crée une illusion d'éternité dans un temps qui s'est brusquement accéléré. Elle assourdit le tic-tac des heures désormais comptées. Elle détourne l'attention des membres qui marchent de plus en plus difficilement, de la dépendance qui s'installe. Des gestes de la vie quotidienne qu'elle ne peut plus accomplir seule. À certains je m'abandonne : non seulement ce cancer lui arrache sa vie si jeune, mais encore lui impose-t-il les handicaps du grand âge !

Pour laisser sortir ma colère, je m'en prends au fauteuil à roulettes qui sert à la déplacer quand elle ne le peut plus, même accrochée au cou. Avec ses freins, ses accoudoirs et ses cale-pieds rétractables, il faut penser à effectuer quatre ou cinq manœuvres préparatoires avant d'envisager un mouvement, exécuté ensuite avec l'aisance et la fluidité d'un pétrolier engagé dans un mouillage de petits voiliers. Je peste ; elle m'engueule. Je continue à pester, mais plus doucement.

Sur le calendrier collé au frigidaire de l'appartement dont les meubles constituent désormais sa seule présence, les jours se remplissent de prénoms. Les visites. À mesure que passe le temps, elles sont de plus en plus réduites par la fatigue. Est-ce la dernière fois qu'elle voit ses sœurs ? ses nièces et son neveu ? mes enfants ? ses amis ? On se jure que non, on reviendra. Et puis Clémentine veut fêter Noël en famille. Elle sourit à celui qui part et pleure quand la porte se ferme.

Le lent tourbillon des adieux… Dans un écart d'onde, une vaguelette réussit à quitter l'hôpital. Après discussion avec les médecins, une sortie de quelques heures lui est accordée. L'appartement a été préalablement équipé en oxygène.

Elle ne peut plus monter les deux étages. Une entreprise d'ambulances voisine me prête une chaise à porteur, sans rien exiger, rien demander, rien signer. J'en suis si étonné que j'en pleure d'émotion sur le trottoir. L'idée ne m'effleure pas que ce sera la première de multiples coulées de larmes incontrôlées. Mon cerveau, concentré sur la foulée du jour, ne voit pas s'annoncer le deuil.

Sur les photos de cette journée, elle, si belle, porte un masque que je n'ai jamais vu.

La nuit tombe vite dans une chambre d'hôpital. La fenêtre aux montants métalliques ne reflète plus que nos images sur un rectangle sombre et laisse passer un filet d'air. Mais je n'ai pas froid sur le lit d'appoint que le personnel du service a apporté pour nos « quarts de nuit ». Il est posé contre le radiateur qui fait feu de tout bois. Son matelas caoutchouteux me fait craindre de la réveiller à chaque mouvement. Il n'en est rien. Elle dort bien. Les douleurs nocturnes qui la vrillaient semblent avoir disparu. Je me dresse parfois dans le lit – qui couine – quand j'ai le sentiment que sa respiration se fait irrégulière. C'est devenu presque intuitif. Mais rien ne se produit. Elle dort toujours. Ses parents et moi, nous y trouvons une satisfaction : les traitements palliatifs semblent avoir un effet. À moins que ce ne soit la maladie qui progresse en tapinois dans son cerveau, et anesthésie les douleurs. C'est bientôt Noël…

Clémentine a des projets, toujours. Il nous arrive de parler de voyages, mais c'est pour nous offrir quelques minutes de rêve. Ses projets réels sont recalibrés au référentiel de sa nouvelle vie. Ils peuvent sembler microscopiques en regard de ce qu'ils étaient encore quelques mois auparavant. Mais elle a cette intelligence d'adaptation, cette force d'occuper et de vivre pleinement l'espace dont elle dispose. Et les projets qui lui restent, elle n'y renonce pas plus qu'à ceux qu'elle nourrissait avant la maladie.

Il en est un qui m'emplit de consternation, de stress et de tristesse. Je suis résolu à le lui refuser. Nous avons reçu en cadeau de mariage un déjeuner pour deux dans un restaurant étoilé de sushis. La gourmandise est le dernier et le seul véritable plaisir de vie qui lui reste et, au sommet de sa très haute pyramide gastronomique, se trouvent les sushis. Nous devons régulièrement sortir de l'hôpital pour lui en rapporter d'un restaurant voisin. Claire, impérative et tranchante comme elle sait l'être, elle n'en démord pas : elle ira déguster ces sushis étoilés, sans quoi elle va « rater sa mort ».

Pour ma part, dix-huit mois de scènes de batailles traversées au gré des péripéties de la maladie, depuis la première hospitalisation jusqu'à la dernière sortie, en passant par le déclenchement de l'accident cardiaque, m'ont convaincu que je ne l'accompagnerai pas dans une salle de restaurant, branchée à sa bonbonne d'oxygène, vêtue de son jogging d'hôpital, en la soutenant sous les bras. Tout cela pour qu'elle finisse par aligner une série de malaises aussi variés que les sushis nés de la créativité des chefs.

Non sans perfidie, je tente de faire endosser cette décision aux médecins : qu'ils lui disent qu'ils refusent. Le professeur Hammel accepte courageusement la mission ; il n'aura pas à l'exécuter. Pour la satisfaire, je demande à contacter le chef. Je lui propose, exceptionnellement, d'emporter le menu. Un sacrilège justifié par la situation. Je reçois en réponse un non catégorique. Mais, avec le panache de Lagardère, il propose que les sushis viennent à elle, puisqu'elle ne peut venir à eux.

C'est ainsi qu'un mardi à l'heure du déjeuner, alors que les autres pensionnaires du service oncologie reçoivent leurs plateaux-repas hospitaliers – une scène du *Bouclier arverne* d'Astérix donnera une idée exacte de l'effet produit –, une maître ès-sushis et le directeur d'un grand restaurant parisien ont installé une longue table dans la chambre 211. Maquillée, habillée de l'une de ses robes favorites, bordeaux, assortie à ses charentaises, Clémentine est jaune, amaigrie, épuisée et radieuse. Son immense sourire illumine ses yeux fatigués. Sa beauté n'a plus rien à voir avec celle de la jeune femme qu'elle a été. Dépouillée, malaxée, creusée par l'épreuve et la maladie, elle est devenue essentielle.

Je la revois : assise sur l'inévitable fauteuil à roulettes, elle regarde le directeur du restaurant et sa collègue remballer leurs produits : « C'est mon dernier moment doré », leur souffle-t-elle, avant une photo souvenir. Il faudrait des pages pour décrire sa concentration sur chaque saveur, chaque explication durant les trois heures qu'a duré le repas, interrompu seulement par un bond en urgence sur le robinet d'oxygène, à l'autre bout de la chambre. Il faudra une vie pour se demander si ce fut l'effort de trop. Épuisée mais encore heureuse le lendemain, elle entre le jeudi dans un état d'agitation tel qu'il faut l'endormir.

C'est un SMS de sa mère qui me fait courir dans la rue : « Tu as parlé au Pr Hammel ? » Je ne lui ai pas parlé. C'est l'avant-veille de Noël, j'étais chez le coiffeur. À chaque foulée l'angoisse grandit comme une supernova. Les petites heures de la vie en chambre m'ont bel et bien fait oublier l'écoulement du temps. Je ne sens même pas le coup de hache que je prends en plein front en la voyant. Les yeux mi-clos, déjà révulsés, elle respire difficilement. Clémentine est entrée en agonie ; Clémentine… Ce sont ses dernières vingt-quatre heures. Emprisonnée dans ce corps muet et paralysé, elle est pourtant consciente, par moments du moins. Elle essaie de me saisir la main, pousse un cri léger. Quand le professeur est venu, elle a tenté d'ouvrir les yeux.

Au cœur de cette dernière nuit, bientôt de ces ténèbres, je lui prends à nouveau la main. Je lui parle. Ses parents ont réussi à s'endormir quelques dizaines de minutes sur une chaise et sur le lit. Je ne sais plus ce que je lui dis. Sûrement que je l'aime. L'a-t-elle entendu ?

Les moments passent comme des somnambules. Une de ses sœurs arrive avec son mari. Ils ont fait le trajet de nuit. Ils s'assoient sur le lit. Le décor est en place pour la scène finale.

Pourtant, je ne vois toujours pas le gouffre. Il y a encore à gérer. Mes enfants souhaitent la voir une dernière fois. Conciliabules techniques avec les psys. Gérer, gérer… Ma mère les amène, ils entrent dans la chambre. Plus lucides que je ne le suis, ils parviennent à pleurer. Elle mourra moins d'une heure après. En y repensant, j'ai froid.

Depuis plusieurs heures, son unique signe de vie est cette respiration en goulées irrégulières. Soudain, lorsque les enfants se penchent sur elle, j'entends sa voix : à nouveau ce faible cri, mais c'est bien elle. Elle tente de lever une main, comme pour caresser leurs visages. Mais surtout… J'ai tant regardé Clémentine au cours de ces trois ans que nous avons partagés. Dans les moments les plus durs, je ne me suis jamais lassé de contempler son visage, ses mouvements. Et je le sais : quand elle sourit, la commissure gauche de sa lèvre se soulève en premier. Elle ne dépassera pas, ce matin-là, quelques millimètres. Mais ce vrai sourire est le dernier acte de la vie de Clémentine Vergnaud.

Post-scriptum : Jusqu'au bout, je n'ai pas pu accepter l'idée de sa mort. C'était tout simplement impossible. Humainement impossible. Environ une semaine avant, j'étais dans une pièce avec le professeur Hammel. Qu'il soit remercié du temps infini qu'il nous a consacré. Je sais par des indiscrétions de couloir qu'il nous a été quelque peu infidèle et qu'il réussit la prouesse quotidienne de donner ce même temps à ses autres patients. Je lui demandais si un retour en arrière était encore possible. Sa réponse ne m'a pas véritablement surpris. Nous avons alors évoqué l'avenir. Ce cancer, lui ai-je dit, éprouvant le besoin de fanfaronner pour éviter de m'effondrer, s'était fait un ennemi de plus.

De cette conversation est née l'idée du Fonds Clémentine Vergnaud contre le cholangiocarcinome. Il forme avec une association de praticiens et de chercheurs, et une autre de patients, un trident pour harponner ce cancer rare mais assassin, au nom de monstre échappé de la mythologie grecque. C'est avant tout grâce au travail de Clémentine que nous avons pu édifier cette structure et lui donner son ampleur. Sans son *Iliade*, son podcast, ce témoignage qui contient toute sa lumière ; sans le retentissement qu'il a eu aussi bien dans les milieux médicaux que dans le public, le projet serait resté dans les cartons.

En ressortant du bureau où j'ai passé près d'une heure, je me suis trouvé bien embêté. Pour

Clémentine, c'était l'heure de déguster un chocolat, les jambes allongées sur son lit. Je ne souhaitais pas gâcher ce moment attendu de ses journées avec la confirmation d'une sentence de mort. Mais j'ai lu dans ses yeux qu'elle ne se laissait pas tromper par mes faibles grommellements. Alors je lui ai parlé du projet : « Nous allons créer un fonds qui portera ton nom ». Le regard tourné vers la fenêtre, elle a souri et répété ces mots : « Un fonds qui portera mon nom… »

Régulièrement, je revois Clémentine dans mes rêves. Un matin, quelques nanosecondes avant mon réveil, l'un d'eux s'est terminé par cette phrase teintée du mystère des songes : « Construire est un animal sans lequel sombrer n'est rien. » Et, peut-être, *vice versa…*

Une pensée particulière pour les parents
et la famille de Clémentine.

Remerciements

À toute la rédaction de franceinfo et aux collègues de Radio France.

À toutes les personnes qui ont donné des jours de congé à Grégoire afin de lui permettre de rester auprès de Clémentine.

À tous les auditeurs qui ont été au rendez-vous de ce podcast (et aux autres à venir).

À Sibyle Veil, Jean-Philippe Baille, Estelle Cognacq, Anne-Julie Bémont et Juliette Barillé pour leur aide et leur soutien.

À Pauline Pennanec'h, Valentine Joubin, Laure-Hélène Planchet, Cherif Bitelmaldji, Raphaël Rasson, Thomas Coudreuse, Bruno Carpentier, Hervé Bouley, Stéphanie Berlu et Kelsey Suleau pour la réalisation du podcast.

L'éditeur remercie Samuel Aslanoff d'avoir œuvré à l'établissement du texte à partir de la double source des textes initialement écrits par Clémentine Vergnaud et de la transcription des podcasts.

Un podcast

Ce livre est né du podcast de Clémentine Vergnaud, « Ma vie face au cancer », que l'on peut écouter en scannant ce QR code :

https://www.radiofrance.fr/franceinfo/podcasts/ma-vie-face-au-cancer-le-journal-de-clementine

Clémentine Lecalot-Vergnaud était journaliste à franceinfo. Elle est morte le 23 décembre 2023, à 31 ans, après s'être battue contre un cancer détecté un an et demi plus tôt.

Dans les dix premiers épisodes de ce podcast, sortis le 1er juin 2022, Clémentine racontait le quotidien de sa maladie, les traitements, les espoirs, les déceptions, l'aide des proches, la peur de la mort. Pour, disait-elle, « laisser une trace ». Quelques semaines avant sa mort, depuis sa chambre d'hôpital, Clémentine a souhaité reprendre le fil de son témoignage, pour six nouveaux épisodes.

Un appel à dons

Le fonds Clémentine Vergnaud contre le cholangiocarcinome est un fonds de dotation défiscalisé. Il a été créé par la famille et les proches de Clémentine peu après son décès. Elle a elle-même validé cette démarche : lorsqu'elle en a pris connaissance, elle a répété ces mots « un fonds qui portera mon nom… ».

Ce fonds travaille de concert avec l'association Acabi (Association pour l'étude des cancers et affections des voies biliaires), qui regroupe des praticiens et des chercheurs d'institutions médicales reconnues par leurs pairs. Il est également épaulé par l'association de patients Espoir pancréas, devenue Espoir pancréas-voies biliaires.

Son but est de financer une bourse de thèse portant également le nom de Clémentine Vergnaud, consacrée à la lutte contre le cholangiocarcinome.

L'objectif est de générer plusieurs thèses de recherche médicale dans les années à venir, dans l'espoir d'enrayer la progression de ce cancer particulièrement létal, et d'en venir à bout.

C'est pourquoi le Fonds Clémentine Vergnaud contre le cholangiocarcinome fait appel aux dons, à travers la générosité publique et le mécénat d'entreprises. Les droits d'auteur du présent livre iront également l'abonder. Chaque euro collecté est consacré à la lutte contre ce cancer.

L'emblème du fonds est un phénix étoilé, inspiré du tatouage que portait Clémentine sur l'épaule gauche. Elle voulait signifier par là sa volonté de renaître, d'une manière ou d'une autre, des épreuves qu'elle traversait. Puisse-t-elle être exaucée par la poursuite de son combat.

Pour plus d'informations, vous pouvez contacter le fonds à l'adresse électronique suivante : fondsclemvergnaud@gmail.com

FONDS CLÉMENTINE VERGNAUD

Sommaire

Préface 9

Prologue 15
1. J'ai un peu mal sous les côtes 19
2. Le jour où le bateau coule 23
3. Le grand bond dans l'inconnu 29
4. Les médecins n'ont pas le droit de pleurer 33
5. Un Spritz pour la malade ! 37
6. Je ne suis pas qu'un dossier médical 43
7. La traversée du brouillard 51
8. Petit chaton ou gros chat ? 57
9. Je ne suis pas une battante 65
10. Les petites meufs 71
11. Une île 77
12. Faire le deuil de soi 83
13. Des effets secondaires à la Prévert 89
14. Les médecins malgré eux 97
15. J'ai l'air d'un clown 105
16. Un boulot de malade 111
17. Les châteaux de sable 117
18. Une boule de flipper 123
19. Le cœur en chamade 129
20. Nous nous sommes aimés 139
21. Compagnons des mauvais jours 147
22. Toujours un coup d'avance 153
23. Être prise par la main 159
Conclusion 163

J'irai jusqu'au bout de mes rêves…,
postface de Grégoire Lecalot 167

DANS LA MÊME COLLECTION

Chloé Delaume, *Une femme avec personne dedans*
Gérard Genette, *Apostille*
Julien Péluchon, *Pop et Kok*
Maryline Desbiolles, *Dans la route*
Xabi Molia, *Grandeur de S*
Alain Veinstein, *Scène tournante*
Éric Nonn, *Par-delà le Mékong*
Emmanuel Loi, *Le Jeu de Loi*
Mauricio Ortiz, *Du corps*
Marilyn Monroe, *Girl Waiting*
Patrick Deville, *Peste & Choléra*
François Bon, *Autobiographie des objets*
Charly Delwart, *Citoyen Park*
Olivier Rolin, *Circus 2. Romans, récits, articles (1999-2011)*
Thomas Pynchon, *V*
Thomas Pynchon, *L'homme qui apprenait lentement*
Jocelyn Bonnerave, *L'Homme bambou*
Alain Mabanckou, *Lumières de Pointe-Noire*
Philippe Artières, *Vie et mort de Paul Gény*
Tiphaine Samoyault, *Bête de cirque*
Sophie Maurer, *Les Indécidables*
Norman Manea, *La Cinquième Impossibilité*
Jean-Christophe Bailly, *La Phrase urbaine*
Benoît Casas, *L'Ordre du jour*
Kevin Orr, *Le Produit*
Chantal Thomas, *L'Échange des princesses*
François Bon, *Proust est une fiction*
Chloé Delaume et Daniel Schneiderman, *Où le sang nous appelle*
Maryline Desbiolles, *Vallotton est inadmissible*
Emmanuel Loi, *Marseille amor*
Thomas Pynchon, *Vineland*
Thomas Pynchon, *Vente à la criée du lot 49*
René Crevel, *Les Inédits*
Maryline Desbiolles, *Ceux qui reviennent*
Frédéric Werst, *Ward* IIIe *siècle*

Kjersti A. Skomsvold, *La Vie au ralenti*
Julien Decoin, *Un truc sauvage*
Gérard Genette, *Épilogue*
Jean Hatzfeld, *Récits des marais rwandais*
Viviane Forrester, *Van Gogh ou l'enterrement dans les blés*
Raphaëlle Eschenbrenner, *Exil à Spanish Harlem*
Karine Miermont, *L'Année du chat*
Catherine Millet, *La Vie sexuelle de Catherine M.*
Patrick Deville, *Viva*
Thomas Pynchon, *Fonds perdus*
Arnaud Delrue, *Un été en famille*
Antoine Volodine, *Terminus radieux*
Patrick Deville, *Sic transit*
Olivier Rolin, *Le Météorologue*
France(s) territoire liquide, collectif
Alain Veinstein, *L'Introduction de la pelle*
Thierry Clermont, *San Michele*
Patrice Pluyette, *La Fourmi assassine*
Charly Delwart, *Chut*
Tiphaine Samoyault, *Roland Barthes*
François Chaslin, *Un corbusier*
Julien Péluchon, *Kendokei*
Jean-Marie Gleize, *Le Livre des cabanes*
Christian Thorel, *Dans les ombres blanches*
Roland Barthes, *Album. Inédits, correspondances et varia*
Chantal Thomas, *Pour Roland Barthes*
Maryline Desbiolles, *Le Beau Temps*
Alain Mabanckou, *Petit Piment*
Roland Barthes, *L'Empire des signes*
Philippe Sollers, *L'Amitié de Roland Barthes*
Olivier Rolin, *À y regarder de près*
Charles Robinson, *Fabrication de la guerre civile*
Autour d'Émile Benveniste, collectif
Alain Veinstein, *Venise, aller simple*
Xavier Girard, *Louise Bourgeois face à face*
Philippe Artières, *Au fond*
Deville & Cie. Rencontres de Chaminadour, collectif
Henri-Alexis Baatsch, *La Fin de la société carbonifère*

Éric Hazan, *Une traversée de Paris*
Jean-Christophe Bailly, Éric Poitevin, *Le Puits des oiseaux.*
Gigi Riva, *Le Dernier Penalty. Histoire de football et de guerre*
Denis Roche, *La Disparition des lucioles. Réflexions sur l'acte photographique*
Chloé Delaume, *Les Sorcières de la République*
Stéphane Audeguy, *Histoire du lion Personne*
Jacques Henric, *Boxe*
Gérard Genette, *Postscript*
Roland Barthes, *Cy Twombly*
Michel Braudeau, *Place des Vosges*
Xabi Molia, *Les Premiers. Une histoire de super-héros français*
Julien Decoin, *Soudain le large*
Evguénia Iaroslavskaïa-Markon, *Révoltée*
Amélie Lucas-Gary, *Vierge*
Alain Veinstein, *Papiers peints*
Sally Bonn, *Les Mots et les Œuvres*
Fabrice Gabriel, *Une nuit en Tunisie*
Patrick Deville, *Taba-Taba*
Chantal Thomas, *Souvenirs de la marée basse*
Stéphane Audeguy, *Une mère*
Marc Riboud, *La Jeune Fille à la fleur. Histoire d'une photographie par Philippe Séclier*
Anne Carson, *Atelier Albertine. Un personnage de Proust*
Serge Toubiana, *Le Temps de voir*
Gabrielle Schaff, *Passé inaperçu*
Jean-Christophe Bailly, *Un arbre en mai*
Rinny Gremaud, *Un monde en toc*
Julien Péluchon, *Prends ma main Donald*
Marina Skalova, *Exploration du flux*
Jean-Marie Gleize, *Trouver ici. Reliques & lisières*
Alain Mabanckou, *Les cigognes sont immortelles*
Fanny Taillandier, *Par les écrans du monde*
Patrice Pluyette, *La Vallée des Dix Mille Fumées*
Jean-Christophe Bailly, *Saisir. Quatre aventures galloises*
Leonard Cohen, *The Flame*
Pascal Quignard, *Angoisse et beauté*
Alain Fleischer, *Le Récidiviste*

Antoine Volodine, *Frères sorcières*
Jean-Pierre Martin, *Real Book*
Claire Richard, *Les Chemins de désir*
Chloé Delaume, *Mes bien chères sœurs*
Chantal Thomas, *East Village Blues (avec les photos d'Allen S. Weiss)*
Kaouther Adimi, *Les Petits de Décembre*
Julien Decoin, *Platines*
Patrick Deville, *Amazonia*
Patrick Deville, *L'Étrange Fraternité des lecteurs solitaires*
Bulle Ogier avec Anne Diatkine, *J'ai oublié*
Olivier Assayas et Raymond Depardon, LA 82
Jean-Marie Gleize, *Denis Roche. Éloge de la véhémence*
Denis Roche, *À Varèse. Un essai de littérature arrêtée*
Denis Roche, *Temps profond. Essais de littérature arrêtée 1977-1984*
Stéphane Audeguy, *Histoire d'amour*
Amélie Lucas-Gary, *Hic*
Alain Veinstein, *À n'en plus finir*
Jean-Christophe Bailly, *L'Imagement*
Tiphaine Samoyault, *Traduction et violence*
Thierry Clermont, *Barroco bordello*
Chantal Thomas, *Café Vivre. Chroniques en passant*
Chloé Delaume, *Le Cœur synthétique*
Lucy Ellmann, *Les Lionnes*
Sandra Lucbert, *Personne ne sort les fusils*
Xabi Molia, *Des jours sauvages*
Muriel Pic, *Affranchissements*
Patrick Boucheron, Bruno Allary, Isabelle Courroy, *Contretemps*
Stéphanie Solinas, *Guide du Pourquoi Pas ?*
Rainer Maria Rilke, *Lettres à un jeune poète*
Roland Barthes, *Marcel Proust. Mélanges*
Leonard Cohen, *Livre de la Miséricorde*
Anthony van den Bossche, *Grand Platinum*
Maryline Desbiolles, *Le Neveu d'Anchise*
Audrey Gaillard, *Justaucorps*
Gérard Garouste, Catherine Grenier, *Vraiment peindre*
Jean-Christophe Bailly, *Jours d'Amérique (1978-2011)*
Patrick Deville, *Fenua*
Éric Marty, *Le Sexe des Modernes. Pensée du Neutre et théorie du genre*

Fanny Taillandier, *Farouches*
Antoine Volodine, *Les Filles de Monroe*
Patrick Deville, *Le Tapis volant de Patrick Deville. Entretien sur l'écriture avec Pascaline David*
Perrine Lamy-Quique, *Dans leur nuit*
Jacques Henric, *La Nuit folle*
Léo Aupetit, Robin Leforestier, Lutèce Mauger, *Bande organisée*
Stéphane Audeguy, *Dejima*
Christophe Fiat, *Développement du sensible*
Laura Tinard, *J'ai perdu mon roman*
Maryline Desbiolles, *Charbons ardents*
Lucy Ellmann, *Les choses sont contre nous*
Etel Adnan, Laure Adler, *La Beauté de la lumière*
Antonio Tabucchi, *Écrire à l'écoute. Dialogues avec Bernard Comment*
Claro, *Sous d'autres formes nous reviendrons*
Alain Veinstein, *Poursuivre*
Jean-Christophe Bailly, *Une éclosion continue. Temps et photographie*
Chantal Thomas, *Journal de nage*
Diaty Diallo, *Deux secondes d'air qui brûle*
Kaouther Adimi, *Au vent mauvais*
Alain Mabanckou, *Le Commerce des Allongés*
Annette Wieviorka, *Tombeaux. Autobiographie de ma famille*
Gérard Garouste, Olivier Kaeppelin, *Le Banquet de Garouste. Autour d'un triptyque*
Patrice Pluyette, *Film fantôme*
Julien Decoin, *Temps calme, pleine tempête*
Virginie Poitrasson, *Tantôt, tantôt, tantôt*
Hans Ulrich Obrist, *Une vie in progress*
Philippe Forest, *Rien n'est dit. Moderne après tout*
Chantal Thomas, *D'un éventail à la Coupole*
Chloé Delaume, *Pauvre folle*
Patrick Deville, *Samsara*
Lisette Lombé, *Eunice*
Stéphanie Solinas, *L'Être plus. Itinéraire pour devenir soi-même*
Nathalie Piégay, *3 Nanas*
Hans Ulrich Obrist, *Les Conversations du Louvre*
Lou Reed, *Je serai ton miroir*
Antoine Volodine, *Vivre dans le feu*

Pascal Quignard, *Compléments à la théorie sexuelle et sur l'amour*
Leonard Cohen, *Un ballet de lépreux*
Jean-Christophe Bailly, *Temps réel*
Barbara Chase-Riboud, *J'ai toujours su*
Margarete Buber-Neumann, *Milena*
Chantal Thomas, *Journal d'Arizona et du Mexique*
Édouard Glissant, archives Hans Ulrich Obrist, *Dans un monde imprévisible, l'utopie est nécessaire*
Ulysse à Paris, collectif
Christine Barthe, *Ce que dit Lucie*
Anouk Schavelzon, *Le bleu n'abîme pas*
Donatien Grau, *Un autoportrait*
Clémentine Vergnaud, *Le Journal de Clémentine*

RÉALISATION : NORD COMPO À VILLENEUVE-D'ASCQ
ACHEVÉ D'IMPRIMER SUR ROTO-PAGE
PAR L'IMPRIMERIE FLOCH À MAYENNE
DÉPÔT LÉGAL : OCTOBRE 2024. N° 157559 (105507)
IMPRIMÉ EN FRANCE